СВЯТОСТ ДНЕС

Март/Април 2015
том. 17, No. 2

Главен редактор
Франк М. Мур (Frank M. Moore)

Редактор
Кармен Дж. Рингизер (Carmen J. Ringhiser)

Пом.-редактор
Каролин Лин (Carolyn Lynn)

Дизайн
Брандън Хил (Brandon Hill)

Генерални суперинтенданти
Джери Д. Портър (Jerry D. Porter)
Дж. К. Уорик (J. K. Warrick)
Еугенио Дуарте (Eugénio Duarte)
Дейвид У. Грейвс (David W. Graves)
Дейвид Бусич (David A. Busic)
Густаво А. Крокър (Gustavo A. Crocker)

Генерален секретар
Дейвид П. Уилсън (David P. Wilson)

СПОНСОРИРАНО ОТ БОРДА НА
ГЕНЕРАЛНИТЕ СУПЕРИНТЕНДАНТИ
ЦЪРКВА НА НАЗАРЯНИНА

© Copyright 2015. Всички права запазени.
Църквата на Назарянина, Inc.

Всички цитати от Писанието, освен ако не се посочва друго, са взети от Библия. София: Верен, 2013.

Списанието „Святост днес" (Holiness Today (ISSN 1523-7788)) се издава два пъти месечно от Генералния борд на Църквата на Назарянина, Световния център за служение,17001 Prairie Star Parkway, Lenexa, KS 66220. Изпращайте цялата кореспонденция относно абонаментите на Nazarene Publishing House, P.O. Box, 419527, Kansas City, MO 64141. Phone: 1-800-877-0700. Email: subscriptions@nph.com. Web: Error! Hyperlink reference not valid. Абонамент: $12.00 (U.S.) на година. Редакционният екип е Church of the Nazare Global Ministry Center, 17001 Prairie Star Parkway, Lenexa, KS 66220. Phone: 913-577-0500. Email: holinesstoday@nazarene.org. Postmaster: Моля, изпратете промяна на адрес до Holiness Today, P.O. Box 419527, Kansas City, MO 64141-6527. Periodicals postage paid at Kansas City, MO. Canadian GST No. R129017471.

СЪДЪРЖАНИЕ

ДОБРЕ ДОШЛИ В „НАЗАРЯНСКИ ОСНОВИ"

НАСЛЕДСТВОТО НИ ОТ УЕСЛИ И ДВИЖЕНИЯТА НА СВЕТОСТТА

НАШАТА СВЕТОВНА ЦЪРКВА

НАШИТЕ ОСНОВНИ ЦЕННОСТИ

НАШАТА МИСИЯ

НАШИТЕ ХАРАКТЕРНИ ЧЕРТИ КАТО НАЗАРЯНИ

НАШЕТО УЕСЛИАНСКО БОГОСЛОВИЕ

ЦЪРКВА НА НАЗАРЯНИНА: ПОСТУЛАТИ НА ВЯРАТА

НАШАТА ЕКЛЕСИОЛОГИЯ

НАШЕТО УСТРОЙСТВО

ЦЪРКВАТА: МЕСТНА, ОБЛАСТНА И СВЕТОВНА

СВЪРЗАНА ЦЪРКВА

ЦЪРКВАТА НА БОГА В НЕЙНИТЕ НАЙ-ВИСШИ ФОРМИ, НА ЗЕМЯТА И НА НЕБЕТО ИМА СВОИТЕ СЪБРАНИЯ, ПОУЧЕНИЯ И ЕДИННО ПОКЛОНЕНИЕ, НО ВСИЧКО ТОВА Е, ЗА ДА ПОМОГНЕ НА ЛИЧНОСТТА ДА СТАНЕ ПОДОБНА НА НЕГОВИЯ СИН.

— ФИНЕАС Ф. БРИЗИ (PHINEAS F. BRESEE)
ПЪРВИ ГЕНЕРАЛЕН СУПЕРИНТЕНДАНТ НА ЦЪРКВАТА НА НАЗАРЯНИНА

ДОБРЕ ДОШЛИ В „НАЗАРЯНСКИ ОСНОВИ"

Новото поколение от духовни водачи и нарастващото тяло от вярващи изискват тези основи на църковното поучение, история, богословие, финансиране и връзки да бъдат представени в кратко и леснодостъпно изложение на ясен език.

Назарянски основи обяснява защо Църквата на Назарянина съществува като световно движение на светостта и на Великото поръчение в Уеслиево-арминианската традиция.

За служителите и миряните Назарянски основи предлага един начин по-добре да разберат целта на църквата да разпространява библейската святост и нейната мисия да създава Христоподобни ученици във всички народи.

Назарянски основи са достъпни и в интернет. Отидете на страницата Генерален суперинтендант на nazarene.org или директно на www.nazarene. org/?g=en/essentials. Ще намерите допълнителни материали, заедно с Назарянски основи на много езици на този сайт.

Като изучавате и четете Назарянски основи, се надяваме да научите повече за Църквата на Назарянина и желанието ѝ покорно да споделя благовестието на Исус Христос.

Забележка: Назарянски основи е допълнение, а не заместител на Наръчника на Църквата на Назарянина: www.nazarene.org

Джон Уесли, 1703 - 1791
Основател на методисткото движение

НАШЕТО НАСЛЕДСТВО ОТ УЕСЛИ И ДВИЖЕНИЕТО НА СВЕТОСТТА

Църквата на Назарянина се самоопределя като част от Христовата „единна, свята, вселенска и апостолска" Църква, като приема за своя историята на Божия народ, записана в Стария и Новия завет и продължена през следващите векове, намираща израз в различни форми на църковност. Тя приема вселенските изповеди на вярата от първите пет века на християнството като израз на собствената си вяра.

Както е правила Църквата през многовековната си история, ние проповядваме Словото, отслужваме тайнствата и продължаваме служението, започнато от апостолите – изграждане на Христоподобен живот. Ние се присъединяваме към светиите в поддържане на библейския призив към свят живот и пълно посвещение на Бога, които проповядваме чрез богословието на пълното освещение.

Нашето християнско наследство се предава през Английската реформация от XVI век и Уеслиевото съживление през XVIII век. Чрез проповедите на Джон и Чарлз Уесли хората из цяла Англия, Шотландия, Ирландия и Уелс са се отвръщали от греха и са ставали способни за християнско служение. Съживлението се е характеризирало с проповядване от миряни, свидетелства, дисциплина и кръгове от искрени ученици, известни като „общества", „класове" и „групи". Характеристиките на богословието на Уеслиевото съживление включват: оправдание по благодат чрез вяра; освещение, или християнско съвършенство, пак по благодат чрез вяра; и свидетелството на Духа за уверението в благодатта.

Изключителният принос на Джон Уесли включва акцента върху пълното освещение като Божи щедър дар за християнския живот. Схващанията на Уесли се разпространяват навсякъде. В Северна Америка Методистката епископална църква е основана през 1784 г., за да "реформира континента и да разпространи библейската святост по тези земи".

Върху християнската святост се набяга отново в средата на XIX век. Тимоти Мерит (Timothy Merritt) от Бостън, Масачузетс, подновява интереса като редактор на „Ръководство за християнско съвършенство" (Guide to Christian Perfection). Фиби Палмър (Phoebe Palmer) от Ню Йорк води Вторничните събрания за популяризиране на светостта и става търсен говорител, автор и редактор. През 1867 година методистките проповедници Дж. А. Ууд (J. A. Wood), Джон Инскип (John Inskip) и други във Вайнланд (Vineland), Ню Джърси, поставят началото на дълга поредица от лагери на светостта, които подновяват Уеслиевия поход за святост по целия свят.

Върху християнската святост се набляга от методистите на Уесли, свободните методисти, Армията на спасението и определени менонити, братя и квакери. Евангелизаторите носят това движение в Германия, Великобритания, Скандинавия, Индия и Австралия. Появяват се нови църкви на светостта, включително и Божията църква (град Андерсън, Индиана). Църкви на светостта, градски мисии и мисионерски асоциации произлизат от това начинание. Църквата на Назарянина е родена от импулса да се обединят всички в една църква на светостта.

Единство в святост

Фред Хилъри (Fred Hillery) организира Народна евангелска църква (People's Evangelical Church) в гр. Провидънс, Роуд Айлънд през 1887 година. Църквата „Мисията" (Mission Church), град Лин, Масачузетс, се появява през 1888 година. През 1890 г. те и още осем църкви от Нова Англия формират Централната евангелска асоциация на светостта (Central Evangelical Holiness Association). През 1892 г. е ръкоположена първата жена – служител в Назарянската традиция – Анна С. Ханском (Anna S. Hanscome).

През 1894-95 г. Уилиам Хауърд Хупъл (William Howard Hoople) организира три църкви на светостта в Бруклин, Ню Йорк, което формира Асоциацията на петдесятните църкви в Америка. "Петдесятен" е било синоним на "святост" за тези и други основоположници на Назаряните. Групите на Хилъри и Хупъл се сливат през 1896 г., като работят в Индия (1899 г.) и Капо Верде (1901 г.). Изпълнителният директор за мисиите, Хирам Рейнолдс (Hiram Reynolds), организира църкви в Канада (1902 г.). Групата достига от Нова Скотия до Айова през 1907 г.

Робърт Лий Харис (Robert Lee Harris) създава Новозаветната църква на Христос (New Testament Church of Christ) в Милано, Тенеси, през 1894 г. Мери Лий Кейгъл (Mary Lee Cagle), неговата вдовица, я разпространява в Западен Тексас през 1895 г. К. Б. Джърнигън (C. B. Jernigan) организира първите независими църкви на светостта (град Ван Олстин, Тексас) през 1901 г. Тези църкви се сливат в гр. Райзинг стар, Тексас (1904 г.), като формират Църквата на светостта на Христос. До 1908 г. те се простират от щата Джорджия до Ню Мексико, като служат на отхвърлените и нуждаещите се. Те подкрепят сираци и самотни майки и създават връзки с работниците в Индия и Япония.

Финеас Ф. Бризи (Phineas F. Bresee) и Джозеф П. Уидни (Joseph P. Widney) заедно с още 100 човека основават Църквата на Назарянина в Лос Анжелис през 1895 г. Те твърдят, че християните, осветени чрез вяра, трябва да следват примера на Христос и да проповядват Евангелието на бедните. Те вярват, че времето и средствата трябва да бъдат давани на Христоподобни служения за спасение на души и облекчаване положението на нуждаещите се. Църквата на Назарянина се разпространява основно на Западния бряг на Съединените щати, с някои църкви на изток до Илинойс. Те подкрепят местните мисии в Калкута, Индия.

През октомври 1907 г. Асоциацията на петдесятните църкви на Америка и Църквата на Назарянина се събират заедно в Чикаго, Илинойс, за да определят църковно управление, което да балансира суперинтендантството и съборните права. Суперинтендантите е трябвало да се грижат за установените църкви, да организират и насърчават новите църкви, но да не се месят в самостоятелните действия на напълно организирана църква. Присъстват и делегати от Христовата църква на светостта. Първата генерална асамблея приема име, формирано от имената на двете организации: Петдесятна църква на Назарянина. Бризи и Рейнолда са избрани за генерални суперинтенданти.

През септември 1908 г. Пенсилванската конференция на Христовите църкви на светостта под предводителството на Х. Г. Трумбаур (H. G. Trumbaur) се обединява с петдесятните назаряни. На 13 октомври Втората генерална асамблея се събира в Пайлът Пойнт, Тексас с Генералния съвет на Христовите църкви на светостта, за да обедини двете църкви.

През 1898 г. в Нешвил е създадена Петдесятната мисия, водена от Дж. Макклъркан (J. O. McClurkan), за да обедини църквите на светостта от Тенеси и прилежащите щати. Те изпращат пастири и учители в Куба, Гватемала, Мексико и Индия. През 1906 г. Джордж Шарп (George Sharpe) е изгонен от конгрешанската църква „Паркхед" в Глазгоу, Шотландия, защото проповядвал уеслианската доктрина за християнската святост. Създават се петдесятната църква „Паркхед" и други и през 1909 г. е основана Петдесятната църква на Шотландия. През 1915 г. тя се обединява с петдесятните назаряни.

Петата генерална асамблея (1919 г.) променя официалното име на деноминацията на „Църква на Назарянина".

Думата „петдесятен" вече не се асоциирала с доктрината за светостта, както е било през XIX век, когато основателите приели това име за църквата. Новата деноминация останала вярна на първоначалната си мисия да проповядва Евангелието на пълното спасение.

Генералната асамблея в Пайлът Пойнт, Тексас, 13 октомври 1908 г

НАШАТА СВЕТОВНА ЦЪРКВА

Основният характер на Църквата на Назарянина е оформен от църквите, от които тя е създадена през 1915 г. Той е подчертано международен. Деноминацията вече е подкрепяла напълно организирани църкви в Съединените щати, Индия, Капо Верде, Куба, Канада, Мексико, Гватемала, Япония, Аржентина, Великобритания, Свазиленд, Китай и Перу. До 1930 г. тя достига до Южна Африка, Сирия, Палестина, Мозамбик, Барбадос и Тринидат. Местните водачи са били жизненоважни за този процес. Такива като областните суперинтенданти В. Г. Сантин (V. G. Santin) – Мексико, Хироши Катагава (Hiroshi Kitagawa) – Япония и Самуел Бхучба (Bhujbal) – Индия. Този международен характер е подчертан още повече от новите попълнения.

През 1922 г. Дж. Г. Морисън (J. G. Morrison) води много работници на Асоциацията на святост за миряни и над 1000 човека от Северна и Южна Дакота, Минесота и Монтана в църквата. Чънг Нам Су (Chung Nam Soo (Robert Chung)) довежда мрежа от корейски пастири и църкви в Църквата на Назарянина през 30-те години на XX век. Църквите в Австралия се обединяват под ръководството на А. А. Е. Берг (A. A. E. Berg) през 1945 г. Алфредо дел Россо (Alfredo del Rosso) води италиански църкви в деноминацията през 1948 г. Разделът на Асоциацията на мисионерите на вярата „Хепзиба" (Hephzibah Faith Missionary Association) в Южна Африка и нейният център в Тавор, Айова се присъединяват към назаряните около 1950 година.

Международната мисия на святостта, основана в Лондон от Давид Томас (David Thomas) през 1907 г., развива широка дейност в Южна Африка под ръководството на Дейвид Джонс (David Jones). През 1952 г. нейните църкви в Англия под ръководството на Дж. Б. Маклагън (J. B. Maclagan) и техните сътрудници в Африка се присъединяват към назаряните. Майнард Джеймс (Maynard James) и Джак Форд (Jack Ford) основават Църквата на святостта „Голгота" (Calvary Holiness Church) в Британия през 1934 г. Те се присъединяват към назаряните през 1955 г. Църквата на служителите на Евангелието (Gospel Workers Church), основана от Франк Гофф (Frank Goff) в Онтарио, Канада, през 1918 г., се присъединява към Църквата на Назарянина през 1958 г. Нигерийците оформят местната църква на Назарянина през 40-те години на XX век под ръководството на Йеремия У. Екайдем (Jeremiah U. Ekaidem), а през 1988 г. се присъединяват към международното тяло. Тези различни попълнения засилват международния характер на Църквата на Назарянина.

Назаряните съзнателно развиват модел на църква, който се различава от протестантската норма. През 1976 г. е издигната комисия, която да изследва бъдещата форма на деноминацията. В доклада си през 1980 г. тя препоръчва Генералната асамблея съзнателно да приеме политика на глобализъм, основан на два принципа.

Първо, те признават, че назарянските църкви и области в глобален мащаб са „световно общение на вярващи, в което има пълно приемане в техния културен контекст". Второ, те осъзнават общото посвещение към „характерната мисия на Църквата на Назарянина", а именно „разпространението на библейската святост... [като] ключов елемент в основата на сърцевината, която представлява идентичността на назаряните".

Генералната асамблея през 1980 г. приема „международно богословско единство" около Символа на вярата, потвърждава важността на богословското обучение за всички служители и призовава за адекватна подкрепа за богословски образователни институции във всяка част от света. Тя призовава назаряните към зрялост като международна общност на святостта. При такава свързаност колониалният манталитет, който оценява хората и народите като „слаби и силни, донори и реципиенти", отстъпва на този, „който предлага напълно нов начин на гледане върху света: осъзнаване на силните страни и равнопоставеност на всички участващи".

По-късно Църквата на Назарянина преживява уникалени модел на растеж сред протестантите. До 1998 г. половината от назаряните вече не живеят в Съединените щати и Канада и 41 процента от делегатите на Генералната асамблея през 2001 г. говорят английски като втори език или изобщо не говорят английски. Африканецът Еугение Дуарте (Eugenio Duarte) от Капо Верде е избран за един от генералните суперинтенданти през 2009 година.

Характеристики на международното служение

Стратегическите служения на назаряните исторически са били концентрирани върху евангелизирането, социалното служение и образованието. Те са процъфтявали чрез взаимното сътрудничество на мисионери и хиляди пастири и миряни, които са пренесли уеслианските принципи в своите култури.

Хирам Ф. Рейнолдс (Hiram F. Reynolds) прави стратегическа крачка в установяването междукултурните служения на назаряните и в развиването на деноминационната концепция за световно евангелизиране. По време на четвъртвековното си служение като генерален суперинтендант той постоянно настоява за това, което спомага за издигането на мисиите в приоритет на деноминацията. От 1915 г. „Назарянски международни мисии" (Nazarene Missions International), първоначално „Женско мисионерско общество" (Woman's Missionary Society), набира средства и популяризира образование за мисиите в църквите по света.

Ранните назаряни са били състрадателни хора и са свидетелствали за Божията благодат, като са подпомагали хуманитарната помощ в Индия и са изграждали сиропиталища, родилни домове за неомъжени момичета и жени и градски мисии, които са служили на пристрастените и бездомните. През 20-те години на XX век приоритетите на социалното служение на църквата се насочват към медицината. Изграждат се болници в Китай и Свазиленд, а по-късно в Индия и Папуа Нова Гвинея. Медицинските професионалисти от назаряните се грижат за болните, правят операции, обучават медицински сестри и спонсорират мобилни полеви болници сред най-бедните хора по света.

Изграждат се специализирани болници, като болници за прокажени в Африка. Създаването на Назарянските служения на милостта през 80-те години позволява да се разшири обхватът на социалните служения, което продължава и до днес. Това включва издържане на деца, помощи при бедствия, обучение за СПИН, подкрепа на сираци, проекти за снабдяване с питейна вода и раздаване на храна.

Назарянските неделни училища и библейски изучавания винаги са били част от църковния живот и са играли съществена роля във формирането на Христоподобни ученици. Църквата инвестира в основно образование и грамотност от ранните години с Девическо училище „Надежда" в Калкута, основано през 1905 г. Назарянски училища подготвят хора по света за по-пълно участие в социалния, икономическия и религиозния живот. Повечето ранни назарянски колежи в Съединените щати са имали начални училища и гимназии, асоциирани с тях, до средата на XX век.

Основателите на Назарянската църква са вложили много средства във висшето образование, като са вярвали, че обучението е жизненоважно за пастирите и другите християнски служители, както и за миряните. Международният борд за образование изброява назарянските висши учебни заведения по света, включително хуманитарни колежи и университети в Африка, Бразилия, Канада, Карибските страни и Съединените щати, библейски колежи и институти, училища за медицински сестри в Индия и Папуа Нова Гвинея и висши учебни заведения с магистърски степени по богословие в Австралия, Коста Рика, Англия, Филипините и Съединените щати.

Църквата на Назарянина от църква с международно присъствие с течение на времето става световна общност на вярващи, основани в Уеслианската традиция. Назаряните гледат на себе си като християни, хора на светостта и мисионери, които са приели следното мото: „Да създаваме Христоподобни ученици сред народите".

МИСИЯТА НА ЦЪРКВАТА НА НАЗАРЯНИНА Е ДА ИЗГРАЖДА ХРИСТОПОДОБНИ УЧЕНИЦИ СРЕД ВСИЧКИ НАРОДИ

Нашите основни ценности

1. Ние сме християни

Като членове на Световната църква, ние се присъединяваме към всички истински вярващи в проповядване на това, че Исус Христос е Господ, и в потвърждаване на историческите тринитарни символи на вярата и постулатите на християнската вяра. Ние ценим своето наследство от Уесли и движението на светостта и смятаме, че това е начин за разбиране на вярата, който е основан на Писанията, разума, традицията и опита.

Ние се присъединяваме към всички вярващи в проповядването на това, че Исус Христос е Господ. Ние вярваме, че в божествената Си любов Бог предлага на всички хора прощаване на греховете и възстановени взаимоотношения. При примирението с Бога ние смятаме, че трябва да се помирим и един с друг, като се обичаме един другиго, както сме възлюбени от Бога, и си прощаваме един другиму, както ни е простено от Бога. Ние вярваме, че нашият живот заедно трябва да представя характера на Христос. Ние гледаме на Писанието като на първичен източник на духовни истини, потвърдени от разума, традицията и опита.

Ние се присъединяваме към всички вярващи в проповядване на това, че Исус Христос е Господ.

Исус Христос е Господ на Църквата, която според Никейския символ на вярата е една, свята, вселенска и апостолска. В Исус Христос и чрез Святия Дух Бог Отец предлага прошка на греха и примирение с целия свят. Тези, които откликнат на предложението на Бога с вяра, стават Божи народ. Опростени и примирени в Христос, ние прощаваме и сме примирени един с друг. Така ние сме Христовата църква и тяло и разкриваме единството на това тяло. Като едно тяло на Христос, ние имаме "един Господ, една вяра, едно кръщение". Ние потвърждаваме единството на Христовата църква и се стремим във всичко да го запазим (Ефесяни 4:5, 3).

2. Ние сме хора на светостта

Бог, Който е свят, ни призовава към живот на святост. Вярваме, че Святият Дух иска да извърши в нас второ дело на благодат, наречено с различни термини, включително „пълно освещение" и "кръщение със Святия Дух", като ни очиства от всички грехове и обновява в нас образа на Бога, като ни дава сили да обичаме Бога с цялото си сърце, душа, ум и сила и нашия ближен, като себе си; Той изработва в нас характера на Христос. Светостта в живота на вярващите най-ясно се разбира като Христоподобие.

Делото на Святия Дух ни възстановява в образа на Бога и изгражда в нас характера на Христос.

Поради това ние сме призовани от Писанието и сме привлечени към поклонение на Бога и да Го обичаме с цялото си сърце, душа, ум и сила, както и да обичаме ближните си, както себе си. Ние се посвещаваме напълно и цялостно на Бога, като вярваме, че можем да бъдем "осветени напълно" – второ преживяване. Ние вярваме, че Святият Дух изобличава, очиства, изпълва и ни дава сили, като благодатта на Бога ни преобразява ден след ден в обичащи хора с духовна дисциплина, етична и морална чистота, състрадание

и справедливост. Делото на Святия Дух е това, което ни възстановява в образа на Бога и произвежда в нас характера на Христос.

Ние вярваме в Бог Отец, Твореца, Който извиква в съществуване това, което не съществува. Ние не сме съществували, но Бог ни е призовал към съществуване, направил ни е за Себе Си и ни е сътворил по Божи образ. На нас ни е възложено да носим образа на Бога: „Аз съм Господ, вашият Бог; И така, осветете се и бъдете святи, понеже Аз съм свят!" (Левит 11:44а).

3. Ние сме хора с мисия

Ние сме изпратени хора, които сме откликнали на призива на Христос и сме овластени от Святия Дух да отидем по целия свят, да свидетелстваме за господството на Христос и да съучастваме с Бога в изграждането на Църквата и разширяването на Неговото царство (Матей 28:19-20; 2 Коринтяни 6:1). Нашата мисия: (а) започва с поклонение, (б) служи на света в евангелизиране и състрадание, (в) насърчава вярващите към християнска зрялост чрез ученичество и (г) подготвя жени и мъже за християнско служение чрез християнско висше образование.

А. Мисията ни на поклонение

Мисията на Църквата в света започва с поклонение. Като се събираме заедно пред Бога в поклонение, пеем, слушаме и публично четем Библията, даваме своите десятъци и дарения, молим се, слушаме проповеди, отслужваме кръщение, споделяме Господната трапеза, ние знаем най-ясно какво означава да бъдем Божи народ. Ние вярваме, че делото на Бога в света се постига основно чрез покланящата се Църква, и то ни води да разберем, че нашата мисия включва приемането на нови членове в общението на Църквата и организирането на нови покланящи се църкви.

Поклонението е най-висшият израз на нашата любов към Бога.

Поклонението е най-висшият израз на нашата любов към Бога. То е Богоцентрирано поклонение, което почита Този, Който с благодат и милост ни изкупва. Първичният контекст на поклонението е местната църква, където Божите хора се събират не за себецентрирано преживяване и собствена възхвала, а за предаване на себе си и жертва. Поклонението е църквата в смирено служение на Бога в любов.

Б. Нашата мисия на състрадание и благовестие

Като хора, посветени на Бога, ние споделяме Неговата любов за изгубените и Неговото състрадание към бедните и сломените. Великата заповед (Матей 22:36-40) и Великото поръчение (Матей 28:19-20) ни карат да служим в света чрез благовестване, състрадание и справедливост. С тази цел ние сме посветени да каним хората да повярват, да се грижим за хората в нужда, да се изправим срещу несправедливостта и да сме заедно с потиснатите, да работим да защитаваме ресурсите на Божието творение и да включваме в своето общение всички, които призовават името на Господа.

Чрез мисията си в света Църквата показва любовта на Бога. Историята в Библията е историята на Бога, Който примирява света със Себе Си съвършено чрез Христос Исус (2 Коринтяни 5:16-21). Църквата е изпратена в света да участва с Бога в това служение на любов и примирение чрез благовестие, състрадание и справедливост.

В. Нашата мисия за ученичество

Ние сме посветени да бъдем ученици на Исус и да каним другите да стават Негови ученици. Имайки това предвид, ние сме посветени да осигурим средствата (неделно училище, библейски изучавания, малки групи за отчетност и т.н.), чрез които вярващите са насърчавани да растат в разбирането си за християнската вяра и взаимоотношенията си един с друг и с Бога. Ние разбираме ученичеството като включващо покоряване на Бога и дисциплините на вярата. Ние вярваме, че трябва да си помагаме един на друг да живеем святия живот чрез взаимна подкрепа, християнско общение и отговорност с любов. Джон Уесли казва: "Бог ни е поверил един на друг, за да можем да се подкрепяме един друг".

Ученичеството е средството, чрез което Святият Дух постепенно ни довежда до зрялост в Христос.

Християнското ученичество е начин на живот. Това е процесът на научаване как Бог иска ние да живеем в света. Като се учим да живеем в покорство на Словото на Бога, в покорство на дисциплините на вярата и в отговорност един пред друг, ние започваме да разбираме истинската радост на дисциплинирания живот и християнското значение на свободата. Ученичеството не е само човешко усилие да се покоряваме на правила и норми. То е средство, чрез което Святият Дух постепенно ни води към зрялост в Христос. Чрез ученичеството ние ставаме хора с християнски характер. Висшата цел на ученичеството е да бъдем преобразени в подобие на Исус Христос (2 Коринтяни 3:18).

Г. Нашата мисия за християнско висше образование

Ние сме посветени на християнското образование, чрез което жени и мъже биват екипирани да живеят живот на християнско служение. В нашите семинарии, библейски колежи и университети сме се посветили да търсим знание, развитие на християнския характер и екипиране на водачите, за да изпълняваме дадения ни от Бога призив да служим в Църквата и в света.

Християнското висше образование е централна част от мисията на Църквата на Назарянина. В нейните ранни години институциите на християнското висше образование са били организирани, за да постигат подготовка на Божи жени и мъже за ръководни роли и християнско служение в световното разпространение на Уеслианското (движението на светостта) съживление. Нашето продължаващо посвещение на християнското висше образование през годините довежда до световна мрежа от семинарии, библейски училища, колежи и университети.

НИЕ СЕ ПРИСЪЕДИНЯВАМЕ КЪМ ВСИЧКИ ВЯРВАЩИ В ПРОПОВЯДВАНЕТО НА ГОСПОДСТВОТО НА ИСУС ХРИСТОС

Нашата мисия

Мисията на Църквата на Назарянина е да изгражда Христоподобни ученици сред всички народи.

Ние сме църква на Великото поръчение (Матей 28:19-20). Като световна общност на вярата, на нас ни е поръчано да занесем Благата вест за живот в Исус Христос на хората навсякъде и да разпространяваме посланието за библейска святост (Христоподобен живот) по цялата земя.

Църквата на Назарянина свързва хора, които са приели Исус Христос като Господ на живота си, живеят в християнско общение и се стремят да се укрепват един друг в развитие на вярата чрез поклонение, проповядване, обучение и служение на другите.

Ние се стремим да проявяваме състраданието на Исус Христос към всички хора със своето лично посвещение на Христоподобен живот.

Въпреки че основната цел на църквата е да прослави Бога, ние сме призовани и активно да участваме в Неговата мисия–примиряване на света с Него.

Нашата мисия има своите исторически основи: евангелизиране, освещение, ученичество и състрадание. Сърцевината на светостта е Христоподобие.

Назаряните са посветени хора с мисия – в техните домове, работни места, общества и по целия свят. Мисионери се изпращат от всички региони в света.

Бог продължава да призовава обикновени хора да извършват необикновени неща, ставащи възможни благодарение на Святия Дух.

ЕЛАТЕ, НЕКА ПЕЕМ С РАДОСТ НА ГОСПОД, НЕКА ДА ВЪЗКЛИЦАВАМЕ КЪМ СПАСИТЕЛНАТА СКАЛА, ГОСПОДСТВОТО НА ИСУС ХРИСТОС

Нашите характерни черти като назаряни

През 2013 година Генералната асамблея и Бордът на генералните суперинтенданти изтъкват седем характеристики на Църквата на Назарянина:

1. Значимо поклонение
2. Богословска последователност
3. Страстно благовестване
4. Целенасочено ученичество
5. Църковно развитие
6. Преобразяващо ръководство
7. Целенасочено състрадание

Въпреки че тези характеристики не изместват нашата мисия да „създаваме Христоподобни ученици сред народите" или основния ни облик на "християнска, свята и мисионерска" църква, те описват това, което смятаме, че трябва да характеризира всяка църква на Назарянина. Ние подтикваме църковните водачи да изтъкват, а всички назаряни да прилагат тези характеристики, като вървим напред. Нека да изследваме как с течение на времето те може да станат реалност за световната Църква.

1. Значимо поклонение

Призив към поклонение
Елате, да запеем радостно на ГОСПОДА, да възкликнем към канарата на нашето спасение!
Да дойдем пред Него с благодарност, да възкликнем към Него с псалми!
Защото ГОСПОД е Бог велик и Цар велик над всички богове.
В ръката Му са дълбините на земята и Негови – планинските височини.
Негово е морето, защото Той го е направил, и Неговите ръце образуваха сушата.
Елате, да се поклоним и да се наведем, да коленичим пред ГОСПОДА, нашия Създател!
Защото Той е нашият Бог и ние сме народът на пасбището Му и овцете на ръката Му.
– Псалм 95: 1-7а

Можем да кажем с увереност, че поклонението на Бога е да Го признаем като Канара на нашето спасение, великия Бог, великия Цар над всички богове, Създателя на всички неща и Пастира, Който се грижи за народа Си.

А. Учениците на Исус са живели в Неговото присъствие и са служили на другите като резултат от своите взаимоотношения.
- Исус изпратил Своите ученици да служат в света (Матей 10).
- Той по-късно им казал, че трябва да бъдат изпълнени със Святия Дух. Те чакали в горницата и Святият Дух дошъл точно така, както Исус обещал (Деяния на апостолите 2).
- След като учениците започнали служението си по света, те станали Божи посланици.
- Те носели послание на примирение, заедно с мисията на примирение (2 Коринтяни 5:11-21).
- Павел го е казал най-добре: "И така, от страна на Христос ние сме посланици, като че Бог чрез нас умолява; молим ви от страна на Христос: примирете се с Бога, Който за нас направи грешен Онзи, който не знаеше грях, за да станем ние в Него праведни пред Бога" (2 Коринтяни 5:20-21).

Б. Исус предизвиква последователите Си с Великото поръчение.
- "И така, идете, правете ученици всичките народи и ги кръщавайте в Името на Отца и Сина, и Светия Дух, като ги учите да пазят всичко, което съм ви заповядал. И ето, Аз съм с вас през всичките дни до свършека на света" (Матей 28:19-20).

Ранната църква истински започва да изпълнява това поръчение в света след значителното поклонение в Антиохия.

– Деяния на апостолите 13:1-4

В. *Значимото поклонение* се случва, когато практикуваме дисциплините на Духа, като пост и молитва.
- Светият Дух ги изпраща да спечелят другите за тяхната вяра.
- Това се случва в контекста на поклонението.
- Поклонението ни вдъхновява и освобождава силата на Бога в живота ни.
- Поклонението отваря нашия живот за този на Христос. Това е императивна духовна дисциплина за всички вярващи, използвана от Бога да ни оформи в святия образ на Исус.
- Трябва да направим личното и общото поклонение постоянни практики в живота си.

Г. *Значимото поклонение* позволява във времето на общо служение на Бога Той да действа между нас по Своя начин.
- Ранната църква не е вършила работата си чрез комитети или семинари.
- Те се събирали често за общо поклонение и позволявали на Бога да работи свободно между тях.
- Ние трябва да сме готови да спрем своите планове и да отделим време за Бога да изпълни Своя план сред нас.
- Значимото поклонение прави място за Бога да се движи свободно, докато ние Го очакваме.
- Трябва да отделим време за Бога, Който да се разкрива и да убеждава, да се движи, докосва, спасява и освещава хората по Своя начин и в Своето време.
- Трябва да идваме на всяко поклонение с нетърпеливо очакване Бог да се срещне с нас в това събиране и да се движи сред нас.
- Трябва да очакваме Бог да прави това, което само Той може да направи, като се събираме за поклонение. Ние никога не трябва да се задоволяваме с обичайната рутина на събранията.
- Децата на Бога трябва да се събират всяка седмица, за да може да бъдат завладявани от Духа на Бога.
- Нищо не може да замести активизирането на човешкия дух от Божия Дух.
- Това става най-добре по време на значимо общо поклонение.

2. Богословска последователност

А. Нашият назарянски глас трябва да бъде чут в по-широката християнска Църква.
- Тя говори за това, което сме ние в богословско отношение.
- Това е, което ние твърдим, това е, което ни мотивира за действие и как да живеем своите вярвания в ежедневието си.

Б. Това са нашите източници за богословска последователност:
- Писанието: ние вярваме, че Светото писание е основополагащо и жизненоважно при формирането на нашата идентичност в Христос.
- Християнската традиция: ние празнуваме православните учения с 2000-годишна история чрез различни християнски традиции.
- Разум: ние вярваме, че Духът на Бога работи чрез интелекта и ни дава проницателен ум.
- Личен опит: ние вярваме, че Бог работи във и чрез живота на личности и общности, които следват Христос.

Източници на богословска последователност

В. Тези вярвания ни дават богословска последователност:
- Ние сме християни.
    Ние поддържаме вярата в Исус Христос – Сина на Бога.
    Ние вярваме, че Христос е втората ипостас на Троицата.
    Ние се придържаме към православните символи на вярата и традициите на християнската Църква.
- Ние сме протестанти.
    Вярваме в оправданието само чрез вяра по благодат за спасение.
    Поддържаме високия авторитет на Писанието. Вярваме в свещеничеството на всички вярващи.
    Потвърждаваме, че проповедта има централно място в преживяването на поклонението и поставяме амвона в центъра на църковната платформа.
    Вярваме, че даровете на Духа се разпределят между всички вярващи в тялото на Христос.
- Ние сме евангелисти.
    Вярваме във възможността и необходимостта на лични взаимоотношения с Исус Христос чрез прощаване на греховете и преобразяване на нашия характер към подобие на Христос.
    Вярваме в свидетелството за нашата вяра чрез променен живот.
- Ние сме уеслиани.
    Вярваме, че същностното естество на Бога, около което се изгражда цялото богословие, е: "Бог е любов" (1 Йоан. 4:8).
    Вярваме, че хората упражняват свободната си воля, за да имат значимо взаимоотношение с Бога.
    Вярваме, че Бог дава благодат и милост на хората.
    Вярваме, че предшестващата благодат на Бога върви пред човека, като пази този човек от по-дълбоко влизане в греха и го привлича обратно към Бога.
    Вярваме, че Бог търси, изкупва, спасява, освещава и дава благодат на човека, за да го направи Свое дете, както и дава постоянна победа в християнския живот.
    Вярваме в оптимизма на благодатта, която ще разчупи властта на греха в личния живот и ще преобрази човека от грешник в дете на Бога, което доброволно се покорява на Него със сърце, изпълнено с любов.
- Вярваме, че светостта и освещението са реални възможности в този живот.
- Вярваме в свидетелството на Духа.
    Вярваме в увереността, която позволява на човека да знае, че греховете са простени от Бога. Той дава постоянно осъзнаване, че кръвта на Исус Христос продължава да покрива

греховете от миналото, и ни дарява ежедневна победа.

Вярваме в действието на Духа, Който ръководи човека за ежедневните решения в живота. Духът на Бога може да води Неговите деца така, ча да им дава усещане за посока в пътешествието на живота.

Г. Вярваме, че има четири аспекта на святия живот:
- Христоподобие – ежедневно обновяване в образа на Исус чрез делото на Светия Дух, като се отдаваме на Божието дело в нас. "И така, ако има някоя утеха в Христос или някое успокоение от любов, или някое общение на Духа, или някое милосърдие и състрадание, направете радостта ми пълна, като имате един и същ ум и една и съща любов, като бъдете единодушни и единомислени " (Филипяни 2:1).
- Начин на живот – отделени за святи цели, да вършим Божието дело в света: "Не се моля да ги вземеш от света, а да ги пазиш от лукавия. Те не са от света, както и Аз не съм от света. Освети ги чрез истината; Твоето слово е истина " (Йоан 17:15-17).
- Изкушение и силата да избираме – способността да не се поддаваме на пристрастявания и пожеланията на плътта, на лукавия, но да имаме силата от Бога да живеем свят живот: „като просветли очите на сърцето ви, за да знаете каква е надеждата на Неговото призоваване, какво е богатството на славата на Неговото наследство в светиите и какво е превъзходното величие на Неговата мощ към нас, вярващите, според действието на мощта на Неговата сила. С нея Той подейства в Христос, като Го възкреси от мъртвите и Го сложи да седне от дясната Му страна на небесата " (Ефесяни 1:18-20).
- Плодът на Духа – съвършената любов на Бог, която се изразява в любов, радост, мир, дълготърпение, благост, милост, вярност, кротост и себеобуздание. "В любовта няма страх, а съвършената любов изгонва страха, защото в страха има наказание, но който се страхува, не е станал съвършен в любовта" (1 Йоан. 4:18).

Д. Вярваме във via media – средния път. Опитваме се да избягваме крайностите по много въпроси. Фокусираме се по-малко върху детайлите на крайностите и повече върху баланса и средния път, когато това е възможно.

3. Страстно благовестване

Страстното благовестване е нашият отговор на любовта и благодатта на Исус към хората. Църквата на Назарянина е започнала със страстно благовестване. То продължава да е в сърцевината на това, което сме ние. В своя призив към благовестване Финеас Бризи, първият генерален суперинтендант на Църквата на Назарянина, казва: „Ние сме задължени да предадем благовестието на всеки [човек] в същата степен, в която сме го приели". Ние се концентрираме върху това да помагаме на хората да открият личната спасителна вяра в Исус Христос.

А. Страстното благовестване е показано от Исус:
- "А когато видя множествата, се смили над тях, защото бяха изнемощели и пръснати като овце, които нямат пастир. Тогава каза на учениците Си: Жетвата е изобилна, а работниците – малко, затова, молете се на Господаря на жетвата да изпрати работници на жетвата Си" (Матей 9:36–38).
- Исус казва: "Ето, казвам ви, повдигнете очите си и вижте, че нивите са вече бели за жетва" (Йоан 4:35).

Б. Страстното благовестване е заповядано от Исус:
- "И им каза: Идете по целия свят и проповядвайте благовестието на цялото творение" (Марк 16:15).
- „И им каза: Така е писано, че Христос трябваше да пострада и да възкръсне от мъртвите на третия ден, и че трябва да се проповядва покаяние и опрощаване на греховете в Негово име на всички народи, като се започне от Ерусалим" (Лука 24:46-47).

В. Страстното благовестване е започнато от Исус:
- „И това благовестие на царството ще бъде проповядвано по целия свят за свидетелство на всичките народи; и тогава ще дойде свършекът" (Матей 24:14).
- „Крадецът влиза само за да открадне, да убие и да погуби. Аз дойдох, за да имат живот и да го имат изобилно" (Йоан 10:10).

Г. Страстното благовестване е подкрепено от Святия Дух:
- Той ни подкрепя лично и като цяло да живеем светостта и да свидетелстваме за нея.
- "Но ще приемете сила, когато дойде върху вас Святият Дух, и ще бъдете свидетели за Мен както в Ерусалим, така и в цяла Юдея и Самария, и до края на земята" (Деяния на апостолите 1:8).

Д. Страстното благовестване е плод на дейността на Святия Дух:
- Неговият живот в нас е явен и продуктивен.
- "А плодът на Духа е: любов, радост, мир, дълготърпение, благост, милост, вярност, кротост, себеобуздание; против такива няма закон" (Галатяни 5:22–23).

Е. Страстното благовестване носи нов живот и нова енергия и за отделните хора, и за Църквата.
- „И така, ако някой е в Христос, той е ново създание; старото премина, ето, (всичко) стана ново!" (2 Коринтяни 5:17).
- „И Господ добавяше към числото им ежедневно тези, което се спасяваха".

Ж. Страстното благовестване е израз на нашето покорство на Исус:
- Едно от най-неопровержимите свидетелства за преобразяващата сила на Евангелието е животът на Павел.
- В едно от своите свидетелства апостолът казва: "Имам дълг както към гърци, така и към варвари, както към мъдри, така и към неучени. Защото не се срамувам от благовестието (Христово), понеже то е Божията сила за спасение на всеки, който вярва – първо за юдеина, а после и за гърка" (Римляни 1:14, 16).

З. Страстта за Христос е нашият вход към Великото поръчение (Матей 28:19-20) — обучението и екипирането го следват:
- следователно всеки трябва да познава Исус Христос;
- впоследствие всеки, дори и най-незапознатите с методите, трябва да откликнат с дръзновение и да споделят Христос непоколебимо.

И. Страстното благовестване ни кани да се осланяме на силата на Божието слово, което ни подтиква да споделяме Благата вест на спасението с другите.
- Ние изучаваме Библията с вяра, след това казваме на другите това, което Божието слово казва.
- Силата на посланието на Евангелието говори на сърцата на мъже и жени, момчета и момичета, които имат нужда от възстановяване на взаимоотношенията с Бога.
- Исус ни дава пример. "Понеже Човешкият Син дойде да потърси и да спаси изгубеното" (Лука 19:10); "когато Той поучаваше народа в храма и проповядваше благовестието" (Лука 20:1а).

Й. Страстното благовестване ни подтиква да познаваме Христос по-пълно.
- То разкрива кои сме ние, нашия начин на живот. Нашата страст към живота е по-голяма от нашата страст за Благовестието. Като избираме да живеем, ние избираме да благовестваме.
- То потвърждава това, което знаем. Както слепият, който бе изцелен от Исус, свидетелства простичко: "Едно нещо знам, бях сляп, а сега виждам!" (Йоан 9:25).
- То проверява колко благодарни трябва да бъдем за тази привилегия: "даром сте приели, даром давайте" (Матей 10:8б).

К. Страстното благовестване ни мотивира да бъдем ученици.
- През живота си се опитваме да влияем на хората, които познаваме и които не познаваме, като споделяме нашата вяра.
- Всеки последовател на Христос трябва да е достатъчно запален за своите взаимоотношения с Бога, за да може споделянето на личното свидетелство естествено да се явява в разговорите с хората.

Л. Страстното благовестване вдъхновява нашата изобретателност:
- Средства (няколко примера): филмът „ИСУС", „евангелска топка", „евангелско кубче".
- Методи: много методи, едно послание.
- Стратегии: масови евангелизации, евангелизиране на лично и приятелско ниво, малки групи и много други.

> *Ние сме задължени да даваме Благовестието на всеки човек, както ние сме го получили.*
>
> *- Финеъс Бризи*

4. Целенасочено ученичество

А. Исус призовава Църквата целенасочено да създава ученици.
- „И така, идете, правете ученици всичките народи и ги кръщавайте в Името на Отца и Сина, и Светия Дух, като ги учите да пазят всичко, което съм ви заповядал. И ето, Аз съм с вас през всичките дни до свършека на света ," (Матей 28:19-20).
- Църквата има целенасочен метод за изграждане на Христоподобни ученици.
- Христоподобните ученици са хора, които пребъдват в Христос, растат в Христоподобие и правят това, което Той прави. Те отричат себе си, обичат Бога с цялото си сърце, душа, ум и сила (Марк 12:30, Йоан 15, Лука 9).
- Целенасоченото ученичество е да се помага на хората да развият близки отношения на покорство с Исус.

В тези взаимоотношения Духът на Христос преобразява характера им в Христоподобие, като променя ценностите на новоповярвалите в ценностите на царството и ги включва в Своята мисия: да инвестират в другите хора – в дома си, в църквите си и по целия свят.

Б. Започваме, като водим хора към лични взаимоотношения с Исус Христос.
- Пътешествието на вярата започва с изповядване на греховете и прошка по благодат чрез вяра в Исус Христос.
- Тези нови създания в Христос са новородени и осиновени в семейството на Бога.
- Новораждането създава променени сърца и променен начин на живот, свидетелство за Божията благодат за тези, които ги познават.
- Ние веднага храним тези новоповярвали в общностите на вяра, като ги учим от самото начало, че са спасени не само за себе си, но и за тези, на които ще повлияят и ще доведат при Христос. Те ще станат създатели на ученици, които ще учат други, които ще станат създатели на ученици.
- Ученичеството включва помощ на някого другиго да следва Исус по-близко.

Целенасоченото ученичество е да се помага на хората да развият близки отношения на покорство с Исус. В тези взаимоотношения Духът на Христос преобразява характера им в Христоподобие, като променя ценностите на новоповярвалите в ценностите на царството и ги включва в Своята мисия: да инвестират в другите хора – в дома си, в църквите си и по целия свят

В. Ние целенасочено развиваме Христоподобни ученици чрез силно служение от амвона.
- Пастирите ни проповядват инструктиращи проповеди за това как да се расте във вярата в Христос.
- Пастирите ни проповядват библейски основани проповеди, които подтикват хората към растеж и по-голям глад за Библията.
- Пастирите ни позволяват Божието слово да стане основа за всички усилия за изграждане на ученици.
- Пастирите ни учат хората как да изучават Библията и да мислят какво означава Словото, както и как се прилага то в живота им.
- Пастирите ни се стремят към балансирана библейска програма за проповядване през годината.
- Пастирите ни разчитат на Святия Дух на Бога да оживи всичко, което правят, за да може да се получи балансиран начин за изграждане на Христоподобни ученици.
- Исус проповядва на множествата и внимателно обучава Своите ученици в малка група.
- Исус не проповядва без притчи (истории), за да помогне на хората да са научат (Марк 4:34).

Г. Ние насърчаваме неделно училище, което подхранва и развива Христоподобни ученици.
- Нашите учители в неделното училище преподават уроци, предназначени за изграждане на Христоподобни ученици, и с изложение на Писанието, и в библейско приложение в живота.
- Нашите учители в неделното училище лично са загрижени за новоповярвалите и извън класната стая. Те отговарят на въпросите им за християнската вяра и ги насърчават да израстват в Божията благодат.
- Нашата система за неделни училища предлага програми от малки деца до възрастни хора. Тя осигурява последователността на материала, която да преминава през цялата Библия по организиран начин.
"Възпитавай детето в пътя, по който трябва да върви, и няма да се отклони от него дори когато остарее" (Притчи 22:6).

Д. Ние развиваме малки групи за изучаване на Библията, които насърчават отговорност.
- Малките групи за изучаване на Библията осигуряват групова и индивидуална отчетност за новоповярвалите и за по-опитните във вярата.
- В малките групи се изграждат здрави взаимоотношения, които отиват отвъд редовните събрания и изграждат връзки с приятели като начин на живот.
- Тези групи за изучаване предлагат съчетание от библейски изучавания и социални контакти, което е жизненоважно за израстването в благодатта.
- Малките групи за ученичество се развиват в система за подкрепа в живота заедно извън неделните богослужения.

Е. Ние насърчаваме духовния растеж на Христоподобни ученици чрез добре планирана църковна програма.
- Програми за въпроси от Библията.
- Детско служение с каравана.
- Ваканционни библейски училища.
- Рождествени и великденски програми за достигане.

- Състрадателно служение.
- Служение в ученичество.
- Служения за мъже, жени, възрастни, самотни, хора със специални нужди, спортни отбори и множество други групи по интереси са насърчавани да помагат на хората да създават връзка с Христос и Неговата църква.

Ж. Ние насърчаваме вярващите да използват всички възможни средства, за да израстват и да развиват личната си вяра.
- Четете Библията с помощни материали, слушайте Библията на аудиофайлове.
- Ежедневно се молете.
- Слушайте християнска музика.
- Четете християнска литература.
- Намерете партньор, пред когото да сте отговорни и който ще се моли всеки ден да ставате Христоподобни.
- Намерете партньор, пред когото ще сте отговорни, който ще ви обича толкова много, че да ви задава трудни въпроси.
- Развийте дисциплината редовно да казвате на другите какво Бог прави във вашия живот.

З. Ние насърчаваме вярващите да се научат да търсят ежедневно присъствието на Бога.
- Ние най-добре обясняваме християнския живот като близко лично взаимоотношение с нашия Господ и Спасител, Исус Христос.
- Целенасочените ученици най-добре растат в Христоподобие, като прекарват време с Него.
- Така ние слушаме ежедневно гласа на Христос; ние се храним ежедневно от Неговото Слово, ние се наслаждаваме на Неговото ежедневно присъствие.
- Христоподобните ученици целенасочено Го търсят и с готовност споделят за Него с тези, чийто живот докосват.

Молитвата, Божието слово и целенасоченото помагане един на друг да бъдем повече като Исус характеризира динамичното ученичество в църквата.

И. Ние насърчаваме учениците целенасочено да изграждат ученици.
- Господ ни е възложил и ни е овластил да изграждаме ученици (Матей 28:19-20).
- След молитва, ние каним зрял християнин целенасочено да ни обучава или наставлява.
- След молитва каним вярващи да станат част от нашата група за ученичество.
- Ние инвестираме живота си в тези ученици, като заедно търсим Господа.
- Центрираните около историите методи на преподаване на Библията в малки групи осигуряват солидна библейска основа за подпомагане на последователите да научат Библията и да предадат посланието й в другите си кръгове на влияние.
- Молитвата, Божието слово и целенасочената помощ един на друг да бъдем повече като Исус характеризира динамичното ученичество в църквата.

5. Църковно развитие

А. Християнската църква започва с Исус Христос, Който основава първата общност на вярата.
- Общността на вярата се е събирала редовно за поклонение на Бога.
- След това е започнала да се разраства и умножава, като са се появили нови църкви през първото мисионерско пътуване на Павел и Варнава (Деяния на апостолите 13-14).

Б. Павел започва второто мисионерско пътуване с намерение да основе църкви, но Светият Дух го повежда в различна посока (Деяния на апостолите, 16 гл.).
- Ние трябва винаги да оставаме отворени за ново виждане от Бога за Неговата мисия и работа

и да бъдем водени от Неговия Свят Дух.
- Павел е имал виждане. То не е дошло от други хора или от изследване на мнението на общността. То е дошло от Божието сърце. Нашите виждания за основаване на нови църкви трябва да идват също от Божието сърце.
- Павел е имал видение на един човек. Това не е било видение на планове, стратегия, мото или схема. Виждането на Павел се концентрира върху изгубеното човечество. Нашите виждания за основаване на нови църкви трябва да останат фокусирани върху изгубените, които се нуждаят от взаимоотношение с Исус Христос.
- Павел е имал видение с македонец. Това е бил човек от определено място, култура, език и история. Бог също ще ни даде виждане за конкретна народностна група или общност. Ние трябва да открием и да се покорим на Божието виждане за нас.
- Павел е имал видение с македонец, който е прав. Този човек не е по-нисш от Павел. Ние се гледаме в очите, на едно ниво. Този човек, при когото отиваме с Евангелието, е достоен за нашето уважение.
- Павел е имал видение с македонец, който е прав и призовава: "Ела и ни помогни!". Това е виждането, което ни движи. Ние трябва да отидем в градовете си, в квартала си, в рода си, в племето и семейството си.

Трябва да донесем Христос в нашия свят

В. Божието виждане включва постоянно божествено водителство, като Той разкрива Своя план за развитието на Църквата за Павел.
- Мъжът от Македония се оказва жена. Лидия във Филипи е най-възприемчива към тази възможност за служение.
- Павел открива най-възприемчивите си слушатели сред група жени, които се молят на брега на реката.
- Вместо да използва еврейската синагога, както са основани предишните църкви, Павел започва своята работа в дом.
- Лидия, търговка на скъпи пурпурни платове, води тази домашна църква.
- Стратегиите за развитие на Църквата може да не включват минали изпитани модели.

Г. Основаването на църкви изисква голяма жертва.
- Служението на Павел и Сила ги завежда в затвора. Те се жертват с готовност. Пеят песни в прослава на Бога, докато страдат заради Него (Деяния на апостолите 16:25).
- Днес църковните водачи и последователите на Исус плащат същата цена за основаването на църкви. Изискват се много часове на молитва, сълзи, пот, усилие, пари и понякога кръв за основаване на нови църкви.
- Въпреки трудностите за Павел и Сила една нова църква се появява след случката с началника на затвора във Филипи, който става нейният нов пастир.

Д. Ние трябва да живеем в присъствието на Бога, за да можем да усещаме Неговия пребъдващ Свети Дух въпреки обстоятелствата, в които се намираме.
- Павел и Сила не разглеждат побоя и нощта в затвора като загуба, те усещат как Божият Дух им дава победата въпреки негативните обстоятелства.
- Павел и Сила са знаели, че са водени от Божия Дух, те са знаели, че Той ще се погрижи лично за тях.
- Земетресението, което удря затвора във Филипи, ни напомня, че Бог продължава да действа в подобни ситуации (Деяния на апостолите 16:25-26). Той не ни забравя, когато нашето служение е трудно.
- Когато се покоряваме на Господа и вършим Неговата воля, според Божието време Господ ще се намеси със сила. Въпреки че злото се противопоставя на разширяването на Божието царство, Бог има последната дума.
- Ние не изграждаме и не разширяваме Божието царство сами, Бог изгражда Своето царство.

Е. Стратегиите за църковно развитие са се променили през църковната история.
- Християнската църква не е изграждала църковни сгради през първите 400 години на своето съществуване.
- Идеята за църковните сгради, собственост и пастири на пълен работен ден е дошла по-късно.
- Святият Дух сега води Църквата да се умножава по нови начини.
- Всяка църква е насърчавана да осное дъщерна църква.
- Тези дъщерни църкви се събират в домове или други възможни места.
- Всеки пастир наставлява пастир на половин работен ден в служението.
- Този модел не изисква допълнителни средства за основаване на дъщерна църква; миряните могат да откликнат на Божия призив да помогнат при започването на новата църква.
- Този модел позволява на Бога да разраства Църквата на нови места по света. На Него Му трябват само откликващи сърща, които да приемат виждането, да откликнат на призива и да позволят Бог да ги води.

В Църквата на Назарянина определението за църква гласи: „Всяка група, която се събира редовно за духовна храна, поклонение или наставление в определено време и място, с определен водач, която е съобразна с посланието и мисията на Църквата на Назарянина, може да бъде приета като църква и да бъде докладвана като такава за регионалните и общите църковни статистики" (Борд на генералните суперинтенданти). С други думи, църквата е група от вярващи, а не сграда или имот.

Ж. Целта на църковното развитие е да се достигнат нови хора за Исус Христос.
- Исус казва: "И на другите градове трябва да благовестя Божието царство, защото за това съм изпратен" (Лука 4:43).
- Ние сме посланици на царството на Бога, като посвещаваме живота си за развитието на Църквата.
- Нашите усилия не са насочени към поддържане на организация.
- Ние искаме колкото може повече хора да достигнат до спасителното знание за Исус Христос.
- Ние искаме след това да изграждаме тези новоповярвали като ученици по образа на Христос.
- Исус казва: "Ето, казвам ви, повдигнете очите си и вижте, че нивите са вече бели за жетва" (Йоан 4:35).

6. Преобразяващо ръководство

А. Ние се опитваме да развиваме водачи, които да са Христоподобни. Исус е нашият пример.

Водачът, който променя, е Христоподобен водач.

Б. Водачите, които променят, са покорни и смирени.
- Те следват Исус Христос, Който се е покорил на волята на Отец (Филипяни 2:5-8).
- Те напълно се осланят на Бога да отговори на молитвите им и да снабди нуждите им (Йоан 15:7).
- Те се покоряват на авторитета на другите и смятат себе си за по-малки (Ефесяни 5:21).

В. Водачите, които променят, са слуги.
- Те следват примера на Исус Христос, Който не е дошъл да Му служат, а да служи (Марк 10:45; Матей 20:28).
- Те водят с това отношение и в дух на служение (Филипяни 2).

Г. Водачите, които променят, са визионери.
- "Където няма видение, народът се покварява" (Притчи 29:18).
- "И Господ ми отговори и каза: Напиши видението и го изложи ясно на плочи, за да може да се чете лесно" (Авакум 2:2).
- Исус рисува картината на Божието царство. Ние трябва да правим същото, така че всеки да може да го разбере ясно.
- Тази характеристика е разграничителната линия между последователи и водачи. Водачите с виждане търсят Божието виждане за Църквата и общността и предават това виждане на другите.

Д. Водачите, които променят, мислят стратегически.
- Имат способността да превърнат виждането за общностите си в инструмент за разширяването на Божието царство.
- Те разбират обстоятелствата на нашето време и намират библейски отговори, както правят децата на Исахар (1 Летописи 12:32).
- Те си представят душите, които трябва да бъдат спечелени за Божието царство.
- Те привеждат виждането в действени стъпки, което мобилизира вярващите на жетвените полета.
- Те са способни да приведат виждането и мисията в обикновен, но ефективен план за разширяване на Царството (Лука 14:28-30).

Е. Водачите, които променят, са такива, които изграждат екип.
- Исус е нашият модел. Той изгражда екип и го овластява, а не върши цялото служение сам (Матей 10).
- Исусовите ученици са били обикновени хора, но те обръщат света (Деяния на апостолите 17:6).
- Водачите, които променят, изграждат екипи, които включват всички хора от църквата в работа за Божието царство.

Ж. Водачите, които променят, са състрадателно подкрепящи.
- Когато Исус изпраща Своите ученици на евангелизаторска работа, Той ги наставлява да бъдат „хитри като змиите и кротки като гълъбите" (Матей 10:16).
- Водачите, които променят, трябва да знаят как да балансират благодатта и закона, справедливост и милост, и всичко това със святост.
- Те трябва да взимат мъдри решения, като се придържат подходящо към решенията си.
- Техните решения обаче трябва да бъдат смекчавани от състрадание.
- Те трябва да говорят истината с любов (Ефесяни 4:15).

З. Водачите, които променят, говорят ясно.
- През земното Си служение Исус често казва: „Който има уши да слуша, нека слуша" (Матей 13:43). Исус иска Неговите последователи да слушат последователно и с постоянство.
- Водачите, които променят, трябва да се опитват да говорят със същата яснота и прецизност, както Исус Христос.
- Водачите, които променят, разбират важността на ясното, последователно и убедително говорене: „Защото и ако тръбата издадеш неопределен звук, кой би се приготвил за бой?" (1 Коринтяни 14:8).

И. Водачите, които променят, овластяват другите да изградят следващото поколение, което да води към Царството.
- Ръководният стил на Исус Навиев не успява да издигне следващото поколение водачи. Той води само своето поколение (Съдии 2:10).

- Водачите, които променят, не изграждат империи за своите роднини. Те обучават и настоящото, и следващото поколение.
- Те откриват, обучават и изграждат наставници, които да екипират, овластят и пуснат като водачи за Божието царство.
- Никое ръководство не е успешно без предаването му на следващите служители: „И каквото си чул от мен при много свидетели, това предай на верни хора, които да са способни да научат и други" (2 Тимот. 2:2).

7. Целенасочено състрадание

А. Целенасоченото състрадание показва любящото сърце на Бога.
- Бог изпраща Своя Син на света и Исус умира заради човешкия род. Това са Божите върховни дарове на любов и състрадание.
- Йоан 3:16-17 ни казва, че Бог е дал за нас Своя Син поради преливащата Си любов, за да може ние да имаме вечен живот. Подобно, 1 Йоан. 3:16-17 ни казва, че любовта на Бога към човечеството е изразена в искрени действия на състрадание на вярващите към Божието творение.
- Животът, служението, смъртта и възкресението на Исус показват любов към другите и към света (Матей 9:36).

Б. Целенасоченото състрадание винаги се прави в името на Исус.
- Исус е нашият пример за състрадание. В евангелията Исус е докоснат и страда с човешкия род.
- Исус е особено изпълнен със състрадание, любов и грижа към бедните, изгубените, болните, отхвърлените и уязвимите.
- Напълно Бог и напълно човек, Исус е нашият пример за това как да живеем и как да обичаме.

Ние вършим всяко дело на служение, щедрост или милост в името на Исус и нашите усилия са насочени към разкриване на любовта на Исус.

В. Целенасоченото състрадание уважава достойнството на всеки човек.
- Хората на Бога предлагат надежда, любов и помощ в името на Исус по начини, които почитат всеки човек като такъв, който е създаден по Божи образ, като Божие творение.
- Състраданието няма друг мотив, освен да предаде Божията любов в Христос.

Г. Целенасоченото състрадание произлиза естествено от преобразените вярващи.
- Църквата е призована да въплъщава Божията любов и състрадание в света.
- Делото на състрадание никога не трябва да бъде извършвано само с човешки усилия и социален активизъм.
- Като Тяло на Христос, нашият състрадателен призив докосва всички области на живота в един цялостен смисъл, формиран от живота на Исус и ръководството на Святия Дух.
- Святият Дух преобразява сърцата на вярващите, които от своя страна работят, за да донесат физическо, социално и духовно преобразяване в нашия свят.
- Състраданието трябва да бъде важна и дейна част в живота и служението на всяка църква.

Д. Целенасоченото състрадание е част от нашата услианска дефиниция на всеобхватна мисия.
- Ние сме изпратени от Бог Отец и сме овластени от Святия Дух да отидем в света, да обичаме и служим на Господа.
- Вярваме, че Отец вече работи чрез силата на Духа в живота на всеки човек, а ние сме призовани да се присъединим към това добро дело.
- Истинското благовестване носи призива и посвещението на навлизането и участието в живота на хората около нас.
- В името на Исус ние се приближаваме до страдащите и сломените и се опитваме да донесем изцеление, надежда, мир и любов на хората в нужда, отхвърлените и уязвимите.

- Ние сме привлечени един към друг в любящо приятелство и общност, които имат социални последствия. Така също Бог изгражда и разширява Тялото Христово.

Е. Целенасоченото състрадание произтича от нашия живот като израз на нашето посвещение на мисията на Бога да изкупи един разрушен свят.
- Ние се опитваме да видим, чуем и откликнем на сломените и наранени хора по същия начин, по който Бог го прави.
- Ние се опитваме да вложим всички, достъпни за нас, ресурси, за да намалим човешкото страдание и търсим Божите планове за възстановяване, цялостност, спасение и мир във и за света.
- Ние се опитваме да възстановим системите на обществата от порочния кръг, който създава структури на несправедливост, което от своя страна, допринася за потисничеството на хората и системното зло в нашия свят. Ние правим това в името на Исус.
- Ние се опитваме с всичко това да помогнем за изпълнението на Господната мисия и така да донесем слава на Бога (Михей 6:8).

Нашето Уеслианско богословие

Чудото на преобразяващата благодат

"Благодатта е по-голяма от всичките ни грехове." Каква чудесна мисъл! Това е само първият ред от химна.

В Исус Бог се въплъщава и действа решително, за да примири света със Себе Си (Йоан 3:15-16; Римляни 1:1-16). Докато още сме били грешници, Бог е пожертвал собствения Си Син „като жертва на изкупление" за греха (Римляни 3:25). Господ на цялото творение е взел върху Себе Си греха на света и е осигурил спасение за всички нас!

В Христос Исус праведността на Бога — Неговото спасение — е разкрита (Римляни 3:21). Ако не е било това действие, цялото човечество би било безнадеждно отчуждено от Бога (Ефесяни 1:5-2:10). Всички сили, които са ни отделяли от Бога, са били разгромени (Колосяни 2:15). Сега "чрез вяра в Исус Христос" (Римляни 3:22) ние сме освободени (Римляни 8:2)!

Новият завет е един продължителен химн на прослава на Бога, Който щедро излива Своите богатства върху нас (Ефесяни 1:6-10). В Христос цялата пълнота на Бога присъства телесно и тези, които приемат Христос, ще дойдат в Неговата пълнота (Колосяни 2:8-15). След като изследва предимствата от Божията благодат, Павел възкликва: "О, колко дълбоко е богатството на мъдростта и познанието на Бога!" (Римляни 11:33). Някои от тези богатства може да бъдат наименувани: прошка на греховете, обитаващият в нас Дух, преобразуването в Христовия образ, вечният живот, мирът с Бога, освещението, общението на Църквата и надеждата за завръщането на Господа.

Когато Исус говори, това, което чуват много хора, са наистина „добри новини", а именно, че Бог безвъзмездно примирява грешници със Себе Си. Дори и омразният бирник или жената, хваната в прелюбодеяние, като чуват за Божията любов, могат да се покаят, да бъдат простени и да получат вечен живот. Бог се отдава безвъзмездно на тези, които признават собственото си безсилие да направят каквото и да било, което да спечели Неговото благоволение (Лука 15).

Много преди ние да го осъзнаем, Святият Дух работи, опитвайки се да ни приближи към спасението. Псалмистът казва, че няма място, където гласът на Бога да не се чува (Псалм 19:3). Павел ни казва, че всеки миг цялото творение зависи от Христос за своето съществуване (Колосяни 1:15-17). Йоан твърди, че Христос осветява всекиго (Йоан 1:9).

По начини, сравними само с изобретателността и верността на Бога, Святият Дух работи и в личните, и в социалните истории, за да отвори пътища за Благовестието. Той върви преди проповядването на Благовестието и подготвя човека да чуе — и евентуално да приеме — Благата вест.

Гледайки назад, всички християни могат да проследят как Духът ги е довел до изкуплението. Ние говорим за това предварително измерение на Божията благодат като за „предшестваща благодат", или благодатта, която идва предварително.

Бог е за нас. Всичко, което Бог е направил чрез Сина Си, сега го предлага на нас чрез Святия Дух. Всъщност, цялото творение се ползва от спасението, което Отец е постигнал в Своя Син (Римляни 8:19-25).

«Оправдание» е наименованието, което сме дали на щедрото действие, с което Бог прощава и примирява грешниците със Себе Си. Оправданието – връщането на благоволението на Бога — е по благодат само чрез вяра.

Оправданието е само едно измерение на Божието спасително дело. Втората полза е, че Духът на Бога всъщност обитава в покаялия се грешник, за да установи Божия живот. Той (или тя) е отново роден – новороден – от Духа на Бога. Новият завет ни призовава към това ново осъзнаване на духовния живот, новото творение, новораждането, раждането отгоре, вечния живот, влизане в Божието царство, ходенето в новия живот и живот в Духа.

Независимо от езика, по чудото на Божията благодат Святият Дух живее в християнина и резултатът е преобразяване. Където преди е имало смърт, сега има живот; мир с Бога, където преди е имало война; надежда там, където преди е имало отчаяние. Новият завет обявява: „И така, ако някой е в Христос, той е ново създание; старото премина, ето, (всичко) стана ново! А всичко е от Бога" (2 Коринтяни 5:17-18а).

Новият завет говори за християните като „в Христос" и за това, че Христос е в тях. От една страна, християните са примирени с Бога, защото чрез вяра те са „в Христос" (Римляни 8:1), в Него, Който примирява грешниците с Отец.

Новият завет обаче говори за Христос в нас като „надеждата за слава" (Колосяни 1:27). Чрез Святия Дух възкресеният Христос предава живота Си – Себе Си – в Своя народ. Той пребъдва и култивира в тях плода на Духа (Галатяни 5:22-23).

„Но – питат много хора – реалистично, какъв духовен живот може да очаквам като християнин? Дали притеглянето на старите греховни навици няма отново да сложи своя печат върху живота ми? Или, дали Духът на Бога сега в мен ще ми даде по-добър живот?" Новият завет отговаря: „Този, който е във вас, е по-велик от онзи, който е в света" (1 Йоан. 4:4).

Същата сила, която е възкресила Исус Христос от мъртвите – правейки Го Победител над смъртта, ада, греха и гроба – сега работи в нас чрез Святия Дух (Ефесяни 1:19)! Преди старият закон и грехът са владеели. Сега „чрез Христос Исус законът на Духа на живота ме освобождава от закона на греха и смъртта" (Римляни 8:2).

Радостната норма за всички християни е това, че ще бъдат изпълнени със Святия Дух, че те живеят не по плът, а по Дух (Римляни 8:1-8). Преживявали ли сте в живота си чудото на Божията преобразяваща благодат?

Есето „Чудото на преобразяващата благодат" е взето от The Reflecting God Study Bible® 2000. Bible copyright by The Zondervan Corporation and Essay by Beacon Hill Press of Kansas City. Използвано с разрешението на издателя. Всички права са запазени.

ЦЪРКВА НА НАЗАРЯНИНА*
ПОСТУЛАТИ НА ВЯРАТА

ПРЕАМБЮЛ

За да може да запазим даденото ни от Бога наследство, вярата, веднъж предадена на светиите, особено доктрината и преживяването на пълното освещение като второ действие на благодатта и за да можем да си сутрудничим с другите клонове на Църквата на Исус Христос в разширяването на Божието царство, ние, служителите и миряните от Църквата на Назарянина, съобразно със законодателството, установено между нас, постановяваме, приемаме и предаваме като основен елемент от устава на Църквата на Назарянина следните Постулати на вярата (споразумение за християнския характер и постановления на организацията и управлението):

I. Триединният Бог

1. Вярваме в един вечно съществуващ, безкраен Бог, Който пълновластно създава и поддържа вселената. Само Той е Бог, свят по естество, качества и цели. Бог е свята любов и светлина, Триединен по същество, разкрит като Отец, Син и Свят Дух.
   (Битие 1; Левит 19:2; Второзаконие 6:4-5; Исая 5:16, 6:1-7; 40:18-31; Матей 3:16-17, 28:19-20; Йоан 14:6-27; 1 Коринтяни 8:6; 2 Коринтяни 13:14; Галатяни 4:4-6; Ефесяни 2:13-18; 1 Йоан. 1:5;4:8)

II. Исус Христос

2. Вярваме в Исус Христос, Второто Лице на Триединната Божествена същност; че Той вечно е бил едно с Отца; че се е въплътил чрез Святия Дух и се е родил от Дева Мария, така че две цели и съвършени естества, а именно Божественото и човешкото, по този начин се съединяват в една Личност, която е същински Бог и същински човек - Богочовек.

Вярваме, че Исус Христос е умрял за нашите грехове и че наистина е възкръснал от мъртвите, и отново е приел Своето тяло заедно с всичко, свързано с пълнотата на човешкото естество, с което естество се е възнесъл на небето и там е ангажиран с ходатайство за нас.
   (Матей 1:20-25; 16:15-16; Лука 1:26-35; Йоан 1:1-18; Деяния 2:22-36; 1 Йоан. 1:1-3; 4:2-3, 15; Римляни 8:3, 32-34; Галатяни 4:4-5; Филипяни 2:5-11; Колосяни1:12-22; 1 Тимот. 6:14-16; Евреи 1:1-5; 7:22-28; 9:24-28)

*Препратките от Писанието подкрепят Постулатите на вярата и са поставени тук след решение на Генералната асамблея от 1976 година, но не се смятат за част от текста на Устава.

III. Святият Дух

3. Вярваме в Святия Дух, Третото Лице на Триединната Божествена същност; че Той винаги присъства и резултатно действа в Христовата Църква и заедно с нея, като убеждава света за грях, новоражда онези, които се покаят и повярват, освещава вярващите и упътва към всяка истина в Исус.

(Йоан 7:39; 14:15-18, 26; 16:7-15; Деяния 2:33; 15:8-9; 1 Петр. 1:2; 1 Йоан. 3:24; 4:13; Римляни 8:1-27; Галатяни 3:1-14; 4:6; Ефесяни 3:14-21; 1 Солунци 4:7-8; 2 Солунци 2:131;1 Солунци 4:7-8; 2 Солунци 2:13; 1 Петр. 1:2; 1 Йоан. 3:24; 4:13)

IV. Свещеното писание

4. Вярваме в пълната боговдъхновеност на Свещеното писание, под което разбираме шестдесет и шестте книги на Стария и Новия Завет. Вярваме, че те са дадени чрез божествено вдъхновение и безпогрешно разкриват Божията воля за нас относно всичко необходимо за спасението ни, така че онова, което не се съдържа в тях, не трябва да се налага като постулат на вярата.

(Лука 24:44-47; Йоан 10:35; 1 Петр. 1:10-12; 2 Петр. 1:20-21; 1 Коринтяни 15:3-4; 2 Тимот. 3:15-17)

V. Първородният и личният грях

5. Вярваме, че грехът навлиза в света чрез непокорството на прародителите ни, а чрез греха – смъртта. Вярваме, че има два вида грях: първороден грях, или греховност, и действителен, или личен грях.

Вярваме, че първородният грях, или греховността, е онази покваденост на естеството на всички Адамови потомци, поради която всеки човек се е отдалечил твърде много от първоначалната праведност, или чистото състояние на нашите прародители преди грехопадението им, станал е Божи противник, няма духовен живот и е склонен да върши зло, и то постоянно. Вярваме също, че първородният грях продължава да съществува заедно с новия живот на новородения човек, докато не бъде изкоренен чрез кръщението със Святия Дух.

Вярваме, че първородният грях се отличава от действителния по това, че представлява унаследена склонност към действителен грях, за която никой не е отговорен, докато лекът, предоставен за нея от Бога, не бъде пренебрегнат или отхвърлен.

Вярваме, че действителният, или личен, грях е съзнателно нарушение на познат Божи закон от страна на нравствено отговорна личност. Затова този грях не бива да се бърка с неволните и неизбежни недостатъци, немощи, слабости, грешки, провали или други отклонения от нормата за съвършено поведение, които са остатъчни следствия от Грехопадението. Но подобни невинни следствия не включват позиции или реакции, които противоречат на Христовия Дух и могат с право да бъдат наречени „грехове на духа". Вярваме, че личният грях е преди всичко и по същество нарушение на закона на любовта и че по отношение на Христос грехът може да се определи като неверие.

Първороден грях: Битие 3 гл.; 6:5; Йов 15:14; Псалм 51:5; Йеремия 17:9-10; Марк 7:21-23; 1 Йоан 1:7-8; Римляни 1:18-25; 5:12-14; 7:1 – 8:9; 1 Коринтяни 3:1-4; Галатяни 5:16-25;
Личен грях: Матей 22:36-40 (заедно с 1 Йоан. 3:4); Йоан 8:34-36; 16:8-9; 1 Йоан. 1:9 – 2:4; 3:7-10; Римляни 3:23; 6:15-23; 8:18-24; 14:2

VI. Умилостивение

6. Вярваме, че чрез страданията Си, чрез проливането на собствената Си кръв и чрез Своята похвална смърт на кръста Исус Христос е направил пълно умилостивение за целия грях на човечеството; вярваме, че това умилостивение е единствената основа за нашето спасение, че то е достатъчно за всеки човек от Адамовия род. По Божията благодат умилостивението действително спасява хората, които не са способни да поемат отговорност, и невръстните деца. То обаче придобива действителен характер за спасението на тези, които са достигнали възрастта за поемане на отговорност, само когато те се покаят и повярват.

(Исая 63:5-6, 11; Марк 10:45; Лука 24:46-48; Йоан 1:29; 3:14-17; Деяния 4:10-12; I Петр. 1:18-21; 2:19-25; 1 Йоан. 2:1-2; Римляни 3:21-26; 4:17-25; 5:6-21; 1 Коринтяни 6:20; 2 Коринтяни 5:14-21; Галатяни 1:3-4; 3:13-14; Колосяни 1:19-23; 1 Тимот. 2:3-6; Тит 2:11-14; Евреи 2:9; 9:11-14; 13:12)

 ## VII. Предшестваща благодат

7. Вярваме, че сътворението на човека по подобие на Бога е включвало способността за избор между доброто и злото и че така човекът е създаден нравствено отговорен; че чрез грехопадението на Адам той става покварен и сега не може да се обърне и насочи сам със собствените си естествени сили и дела към вяра и призоваване на Бога. Но също вярваме, че Бог дарява Своята благодат чрез Исус Христос безвъзмездно на всички хора. Тя дава възможност на всички, които желаят, да се отвърнат от греха и обърнат към правдата, да повярват в Исус Христос за опрощение и очистване от греха и да вършат добри дела, угодни и приемливи пред Бога.

Вярваме, че човек, макар и да притежава опитността на новорождението и цялостното освещение, може да отпадне от благодатта и да отстъпи от вярата, и ако не се покае за греха си, да бъде безнадеждно и вечно изгубен.

(Богоподобие и нравствена отговорност: Битие 1:26-27; 2:16-17; Второзаконие 28:1-2; 30:19; Исус Навин 24:15; Псалм 8:3-5; Исая 1:8-10; Йеремия 31:29-30; Йезекиил 18:1-4; Михей 6:8; Римляни 1:19-20; 2:1-16; 14:7-8; Галатяни 6:7-8; Естествена неспособност: Йов 14:4; 15:14; Псалми 14:1-4; 51:5; Йоан 3:6а; Римляни 3:10-12; 5:12-14, 20а; 7:14-25; Безвъзмездна благодат и дела на вярата: Йезекиил 18:25-26; Йоан 1:12-13; 3:6б; Деяния 5:31; Яков 2:18-22; 2 Петр. 1:10-11; 2:20-22; Римляни 5:6-8, 18; 6:15-16, 23; 10:6-8; 11:22; 1 Коринтяни 2:9-14; 10:1-12; 2 Коринтяни 5:18-19; Галатяни 5:6; Ефесяни 2:8-10; Филипяни 2:12-13; Колосяни 1:21-23; 2 Тимот. 4:10а; Тит 2:11-14; Евреи 2:1-3; 3:12-15; 6:4-6; 10:26-31)

VIII. Покаяние

8. Вярваме, че покаянието, което представлява искрена и цялостна промяна на мисленето по отношение на греха и включва чувство за лична вина и доброволно отвръщане от греха, се изисква от всички, които с постъпка или умисъл са станали грешници против Бога. Божият Дух дава на всички, които желаят да се покаят, благодатната помощ на сърдечното разкаяние и надеждата за милост, за да повярват за опрощение и духовен живот.

(2 Летописи 7:14; Псалми 32:5-6; 51:1-17; Исая 55:6-7; Йеремия 3:12-14; Йезекиил 18:30-32; 33:14-16; Марк 1:14-15; Лука 3:1-14; 13:1-5; 18:9-14; Деяния 2:38; 3:19; 5:31; 17:30-31; 26:16-18; 2 Петр. 3:9; Римляни 2:4; 2 Коринтяни 7:8-11; 1 Солунци 1:9)

IX. Оправдание, новорождение и осиновение

9. Вярваме, че оправданието е онзи благодатен и юридически акт на Бога, чрез който Той предоставя пълно опрощение на цялата вина и съвършено освобождение от наказанието за извършените грехове, а също и приемане като праведни на всички, които повярват в Исус Христос и Го поканят в живота си като Господ и Спасител.

9.1. Вярваме, че новорождението, т.е. раждането отново, е онова благодатно дело на Бога, чрез което нравственото естество на покаялия се вярващ става духовно съживено и получава духовен живот, който се отличава с неговата способност да вярва, да обича и да се покорява.

9.2. Вярваме, че осиновението е онзи благодатен акт на Бога, чрез който оправданият и новороден вярващ става Божие дете.

9.3. Вярваме, че оправданието, новорождението и осиновението протичат едновременно в опита на онези, които търсят Бога, и че условието за придобиването им е вяра, предшествана от покаяние. Вярваме, че Светият Дух свидетелства за това дело и състояние на благодатта.

(Лука 18:14; Йоан 1:12-13; 3:3-8; 5:24; Деяния 13:39; 1 Петр. 1:23; 1 Йоан. 1:9; 3:1-2, 9; 4:7; 5:1, 9-13, 18; Римляни 1:17; 3:21-26, 28; 4:5-9, 17-25; 5:1, 16-19; 6:4; 7:6; 8:1, 15-17; 1 Коринтяни 1:30; 6:11; 2 Коринтяни 5:17-21; Галатяни 2:16-21; 3:1-14, 26; 4:4-7; Ефесяни 1:6-7; 2:1, 4-5; Филипяни 3:3-9; Колосяни 2:13; Тит 3:4-7)

X. Християнска святост и цялостно освещение

10. Вярваме, че освещението е работата на Бога, която води вярващите до Христоподобие. То се извършва от Божията благодат чрез Светия Дух в първоначалното освещение, или новорождението (едноврменно с оправданието), пълното освещение и продължаващата усъвършенстваща работа на Светия Дух, кулминираща в прослава. В прославата ние сме напълно съобразни с образа на Сина.

Вярваме, че цялостното освещение е онзи Божи акт след новорождението, чрез който вярващите се освобождават от първородния грях, т.е. покварената природа, и навлизат в състояние на цялостна посветеност на Бога и усъвършенстваното свято покорство от любов.

То се осъществява чрез кръщението със Светия Дух и обхваща в една опитност очистването на сърцето от греха и пребъдващото присъствие на Светия Дух вътре във вярващия, което му дава сила за живот и служение.

Цялостното освещение е осигурено чрез кръвта на Исус, извършва се мигновено чрез вяра, предшествано е от цялостно посвещение, и Светият Дух свидетелства за това дело и състояние на благодатта.

Преживяването също така е познато под разнообразни названия, които представят различните му фази, например „християнско съвършенство", „съвършена любов", „сърдечна чистота", „кръщение със Светия Дух", „пълнотата на благословението" и „християнска святост".

10.1. Вярваме, че има чувствителна разлика между чистото сърце и зрелия характер. Първото се получава мигновено като резултат от цялостното освещение, а последното е резултат от израстването в благодатта.

Вярваме, че благодатта на цялостното освещение включва подтика да израстваме в благодатта. Но този подтик трябва да бъде съзнателно подхранван и да се обръща старателно внимание на потребностите и процесите на духовното развитие и подобрение към Христоподобие на характера и личностните качества. Без подобно целенасочено усилие нашето свидетелство може да бъде накърнено и самата благодат – осуетена и в крайна сметка изгубена.

Чрез участие в средствата на благодатта, особено в общението, дисциплините и тайнствата на Църквата, вярващите растат в благодат и изпълваща сърцето любов към Бога и ближния.

(Йеремия 31:31-34; Йезекиил 36:25-27; Малахия 3:2-3; Матей 3:11-12; Лука 3:16-17; Йоан 7:37-39; 14:15-23; 17:6-20; Деяния 1:5; 2:1-4; 15:8-9; 1 Йоан. 1:7, 9; Римляни 6:11-13, 19; 8:1-4, 8-14; 12:1-2; 2 Коринтяни 6:14 – 7:1; Галатяни 2:20; 5:16-25; Ефесяни 3:14-21; 5:17-18, 25-27; Филипяни 3:10-15; Колосяни 3:1-17; 1 Солунци 5:23-24; Евреи 4:9-11; 10:10-17; 12:1-2; 13:12 „Християнско съвършенство", „съвършена любов": Второзаконие 30:6; Матей 5:43-48; 22:37-40; 1 Йоан. 4:17-18; Римляни 12:9-21; 13:8-10; 1 Коринтяни 13 гл.; Филипяни 3:10-15; Евреи 6:1; „Сърдечна чистота": Матей 5:8; Деяния 15:8-9; 1 Петр. 1:22; 1 Йоан. 3:3; „Кръщение със Святия Дух": Йеремия 31:31-34; Йезекиил 36:25-27; Малахия 3:2-3; Матей 3:11-12; Лука 3:16-17; Деяния 1:5; 2:1-4; 15:8-9; „Пълнота на благословението": Римляни 15:29; „Християнска святост": Матей 5:1 – 7:29; Йоан 15:1-11; 1 Петр. 1:15-16; 2 Петр. 1:1-11; 3:18; Юда 1:20-21; Римляни 12:1 – 15:3; 2 Коринтяни 7:1; Ефесяни 4:17 – 5:20; Филипяни 1:9-11; 3:12-15; Колосяни 2:20 – 3:17; 1 Солунци 3:13; 4:7-8; 5:23; 2 Тимот. 2:19-22; Евреи 10:19-25; 12:14; 13:20-21

 **XI. Църквата**

11. Вярваме в Църквата – общността, която изповядва Исус Христос като Господ; хората, с които Бог е сключил Завет, като ги е обновил в Христос; Христовото Тяло, споено от Святия Дух чрез Словото.

Бог призовава Църквата да изяви своя живот в единството и общението на Духа; в богослужение чрез проповядване на Словото, съблюдаване на тайнствата и служение в Божието име; чрез покорство на Христос и взаимна отчетност.

Мисията на Църквата в света е да сподели изкупителното и примирителното служение на Христос в силата на Духа. Църквата изпълнява мисията си да прави ученици чрез благовестване, образование, милосърдие, работа за справедливостта и свидетелстване за Божието царство.

Църквата е исторически факт. Като организация, тя приема културно обусловени форми. Съществува и като местни събрания, и като всемирно тяло. Упълномощава лица, призовани от Бога за конкретни служения. Бог призовава Църквата да живее под Негово управление в очакване на края на този свят при пришествието на нашия Господ Исус Христос.

(Изход 19:3; Йеремия 31:33; Матей 8:11; 10:7; 16:13-19, 24; 18:15-20; 28:19-20; Йоан 17:14-26; 20:21-23; Деяния 1:7-8; 2:32-47; 6:1-2; 13:1; 14:23; 1 Петр. 1:1-2, 13; 2:4-12, 21; 4:1-2, 10-11; 1 Йоан. 4:17; Юда 1:24; Римляни 2:28-29; 4:16; 10:9-15; 11:13-32; 12:1-8; 15:1-3; 1 Коринтяни 3:5-9; 7:17; 11:1, 17-33; 12:3, 12-31; 14:26-40; 2 Коринтяни 5:11 – 6:1; Галатяни 5:5, 13-14; 6:1-5, 15; Ефесяни 4:1-17; 5:25-27; Филипяни 2:1-16; 1 Солунци 4:1-12; 1 Тимот. 4:13; Евреи 10:19-25; Откровение 5:9-10)

 **XII. Кръщение**

12. Вярваме, че християнското кръщение, заповядано от нашия Господ, е тайнство, което показва приемане на преимуществата от изкуплението на Исус Христос. То трябва да се отслужва на вярващите и представлява изявление на вярата им в Исус Христос като техен Спасител и на безрезервното им намерение да се покоряват в святост и праведност.

Тъй като кръщението е символ на новия завет, малки деца могат да бъдат кръщавани по молба на родителите или настойниците, които трябва да дадат уверение за тях относно необходимото християнско обучение.

Кръщението може да се отслужва с поръсване, поливане или потапяне според избора на кандидата.

(Матей 3:1-7; 28:16-20; Деяния 2:37-41; 8:35-39; 10:44-48; 16:29-34; 19:1-6; 1 Петр. 3:18-22; Римляни 6:3-4; Галатяни 3:26-28; Колосяни 2:12)

XIII. Господна вечеря

13. Вярваме, че Вечерята за възпоменание и причастие, въведена от нашия Господ и Спасител Исус Христос, е в основата си новозаветно тайнство, което изявява Христовата жертвена смърт, спечелила за вярващите живот, спасение и обещание за всички духовни благословения в Христос. Господната вечеря е единствено за онези, които са подготвени благоговейно да оценят нейното значение. Чрез нея те изявяват смъртта на Господа, докато Той дойде отново. Тъй като е Трапеза на общението, на нея трябва да бъдат призовавани да участват само онези, които имат вяра в Христос и любов към светиите.

(Изход 12:1-14; Матей 26:26-29; Марк 14:22-25; Лука 22:17-20; Йоан 6:28-58; 1 Коринтяни 10:14-21; 11:23-32)

XIV. Божествено изцеление **

14. Вярваме в библейското учение за божественото изцеление и подтикваме своите събратя да се стремят да принасят молитва с вяра за изцелението на болните. Вярваме също, че Бог изцелява посредством медицината.

(4 Царе 5:1-19; Псалм 103:1-5; Матей 4:23-24; 9:18-35; Йоан 4:46-54; Деяния 5:12-16; 9:32-42; 14:8-15; Яков 5:13-16; 1 Коринтяни 12:4-11; 2 Коринтяни 12:7-10)

 ## XV. Второто пришествие на Христос

15. Вярваме, че Господ Исус Христос ще дойде отново; че ние, които сме живи при пришествието Му, няма да изпреварим онези, които са починали в Христос Исус, но ако пребъдваме в Него, ще бъдем грабнати с възкресените светии, за да срещнем Господа във въздуха, така че ще бъдем с Него завинаги.

(Матей 25:31-46; Йоан 14:1-3; Деяния 1:9-11; 2 Петр. 3:3-15; Филипяни 3:20-21; 1 Солунци 4:13-18; Тит 2:11-14; Евреи 9:26-28; Откровение 1:7-8; 22:7-20)

XVI. Възкресение, съд и вечна съдба

16. Вярваме във възкресението на мъртвите – че телата и на праведните, и на неправедните ще бъдат възкресени и съединени с техните духове: „онези, които са вършили добро, ще възкръснат за живот, а които са вършили зло, ще възкръснат за осъждане".

16.1. Вярваме в бъдещия съд, при който всеки човек ще се яви пред Бога, за да бъде съден според делата си в този живот.

16.2. Вярваме, че за всички, които спасително вярват в Исус Христос, нашия Господ, и покорно Го следват, е осигурен славен и вечен живот и че онези, които до последно останат непокаяни, ще страдат вечно в ада.

(Битие 18:25; 1 Царе 2:10; Псалм 50:6; Исая 26:19; Даниил 12:2-3; Матей 25:31-46; Марк 9:43-48; Лука 16:19-31; 20:27-38; Йоан 3:16-18; 5:25-29; 11:21-27; Деяния 17:30-31; Римляни 2:1-16; 14:7-12; 1 Коринтяни 15:12-58; 2 Коринтяни 5:10; 2 Солунци 1:5-10; Откровение 20:11-15; 22:1-15)

НАШАТА ЕКЛЕСИОЛОГИЯ

Святата християнска църква

Ние се идентифицираме с библейския разказ за „Божия народ", като изповядваме, че сме част от „едната, свята, вселенска и апостолска Църква". Кръщението в Църквата на Христос е лично и общо свидетелство за Божията предшестваща и спасителна благодат. Нашите служители са ръкоположени „в църквата на Бога"1 и нашите църкви са конкретни изражения на вселенската Църква. Ние потвърждаваме библейския разказ за светостта на Бога и Божията Църква, избрана като инструмент на божествената благодат и извикана в съществуване от Святия Дух, нейната жизнена сила, Който я превръща в живо тяло на Христос в света. Християнската църква свидетелства за истината, че поклонението на Бога е единственият правилен фокус на човешкия живот.

Следователно тя призовава грешниците към покаяние и промяна на живота им, подхранва святия живот във вярващите чрез богат църковен живот и призовава вярващите към осветен живот. В своята святост и вярност Църквата показва Божието царство на света, затова Църквата е мярка за собственото си послание.

Присъединени към мисията на Бога

Мисията на Бога в света е първостепенна и ние извеждаме своята мисия от нея. Бог е създал вселената в огромни размери и човека, който да носи Божия образ в историята и в природата, за да може Божията любов да процъфтява. Когато грехът изцапва творението, изкупителното естество на мисията се открива, а именно „възстановяване на цялото творение към целта, с която Бог го е създал". Възстановяването на хората е основополагащо.

Джон Уесли определя това като освещение, или „обновяването на нашите души по образа на Бога", характеризирано като „праведност и истинска святост". Мисията на Бога се отразява и в призива на Авраам, избран за благословение, за да може неговото семе да бъде „благословение за всички народи" (Битие 12:1-2), и се показва в историята на евреите, които носят свидетелството за Единия Бог, Чието име те прогласяват на народите по света.

Християните познават Бога като Свята Троица, в която Бог е разкрит най-пълно в Исус Христос, нашия Господ. Святият Дух кани и подкрепя нашето участие в мисията на Бога. Църквата влиза в този завет и продължава благословението и изцеляването на народите като част от осветения живот. Ние се присъединяваме към другите християни в мисията на Бога, но приемаме виждане, което подрежда нашия деноминационен живот като международна църква, в която националните граници не определят църковните, защото Христос е отворил Църквата за всички народи и раси.

Служене като Христос в света

Основата на християнското служение е библейската заповед да свидетелстваме за Божията любов в Христос. Вярващите потвърждават служението си при кръщението, което обявява тяхното намерение да носят публично свидетелство като Христови ученици. Вярното ученичество е външен белег на Божията вътрешна благодат в нас, по същия начин е белег на Божията благодат в действие в света, който „Бог толкова обикна". Всички членове на Христовото тяло са екипирани за служение и тези, които са призовани като водачи в Църквата, са ръкоположени като апостолски служители. Техният призив е основан на дълбоко лично убеждение.

Духовенството и миряните от местната и областната църква откриват и потвърждават наличието на необходимите дарби и благодат и на областната асамблея избират тези, които да бъдат ръкоположени като служители. Дяконите се ръкополагат за професионално служение, в което Словото и Трапезата не са първостепенните отговорности. Старейшините се ръкополагат, за да могат да оформят Тялото Христово чрез проповядване на Евангелието, отслужване на тайнствата, духовно насищане на хората при поклонението и уреждане на църковния живот.

Суперинтендантите са избирани за областния или централния пост от събрание на духовенството и миряните. Областните суперинтенданти насочват пастирското и духовното си ръководство към църквите, членовете и духовенството в определена област. Генералните суперинтенданти упражняват апостолско и пастирско служение за цялата деноминация, поддържайки единството на църквата в доктрина и святост, като дават пример с Христоподобен живот чрез колегиалност и предаване на виждане, което цялата църква може да приеме.

Тяхната гледна точка трябва да бъде международна в своите мащаби. На тях се полага отговорността да изразят виждането и нуждата от ресурси за различните части на църковното тяло, да участват в разпределението на ресурсите за нуждаещите се области от нашето служение в света и да обединяват църквата в мисия и послание. Чрез ръкополагането на служители в различни областни събрания и по други начини те трябва да поддържат единството на деноминацията с изключително национално, икономическо, расово и езиково разнообразие.

Нашата форма на управление

Назаряните винаги са разпознавали църквата си като един израз на вселенската Църква. Ние твърдим, че Писанието не дава конкретно устройство на църковно управление и че нашите форми на управление може да се изградят на базата на общо съгласие, щом това не противоречи на Писанието. В този смисъл вярваме, че мисията трябва да оформя структурата (Наръчник 2013-2017, История, стр. 17-19).

Църквата на Назарянина приема демократична версия на методистко-епископалното устройство, като разширява гласа на духовенството и миряните и налага ограничение на епископския пост. Ето някои основни елементи на назарянската форма на управление:

- Ние имаме три нива на управление:
  1. Общностите избират делегати, които да ги представят на годишното областно събрание.
  2. Областните събрания избират делегати за генералното събрание, което се събира на всеки 4 години.
  3. Решенията на генералните събрания са задължителни за цялата църква и за всичките й части.
- Генералното събрание избира генерални суперинтенданти, които водят генералните служения на деноминацията и упражняват юрисдикция над цялата църква. Те служат за периода между две генерални събрания и трябва да бъдат преизбирани на всяко генерално събрание. Всеки генерален суперинтендант има списък с области и е отговорен за провеждането на годишни областни събрания и ръкополагане на нови служители в неговата област. Броят на генералните суперинтенданти е варирал в историята, но са останали шестима от 1960 година. Заедно те формират Борда на генералните суперинтенданти, който се събира като борд няколко пъти през годината.
- Генералното събрание избира генералния борд, съставен от равен брой духовници и миряни. То се събира ежегодно и избира църковните главни служители и директори на департаменти. То също така преглежда правилата, бюджетите и работата на генералните служения на църквата.
- Църквите в една област са групирани в области и са водени от областен суперинтендант. Областната църква е организирана с мисионерска цел и се среща всяка година като областно събрание. Областното събрание избира областния суперинтендант, чиято отговорност е да храни духовно църквите и пастирите, да основава нови църкви и да насърчава духовното здраве на областта.
- Църквите избират своите пастири в консултации и с одобрението на областния суперинтендант и ръководят сами своите финансови и операционни дела.
- Назарянските области са групирани в световни региони (напр. регион Африка, Азиатско-Тихоокеански регион и т.н.). Световните региони са мисионерски, а не управленски структури.
- Клаузата за доверен фонд прави църковните сгради и пастирските домове собственост на областта.
- Мъже и жени на еднакво основание могат да служат на всички постове в църквата – както духовни, така и мирянски.
- Ние наричаме нашата книга с правила „Наръчник на Църквата на Назарянина". Промени в него могат да се правят от генералното събрание.
(Битие 18:25; 1 Царе 2:10; Псалм 50:6; Исая 26:19; Данаил 12:2-3; Матей 25:31-46; Марк 9:43-48; Лука 16:19-31; 20:27-38; Йоан 3:16-18; 5:25-29; 11:21-27; Деяния на апостолите 17:30-31; Римляни 2:1-16; 14:7-12; 1 Коринтяни 15:12-58; 2 Коринтяни 5:10; 2 Солунци 1:5-10; Откровение 20:11-15; 22:1-15)

Църквата

Местната църква

Църквата на Назарянина иска всички хора да преживеят преобразяващата благодат на Бога чрез прошката на греховете и сърце, очистено в Исус Христос чрез силата на Святия Дух.

Нашата основна мисия е "да създаваме Христоподобни ученици сред всички народи", да включваме вярващите в общение и членство (общност) и да екипираме (обучаваме) всички, което откликнат с вяра.

Висшата цел на общността на вярата е да представим всекиго съвършен в Христос (Колосяни 1:28) в последния ден.

В местната църква се осъществяват спасението, усъвършенстването, поучението и посвещението на вярващите. Местната църква, Тялото Христово, е представителството на нашите вяра и мисия.

Областната църква

Местните църкви административно са групирани в области и региони.

Областта е юридическа единица, съставена от взаимозависими местни църкви, организирана да подпомогне мисията на всяка местна църква чрез взаимна подкрепа, споделяне на ресурсите и сътрудничество.

Областният суперинтендант наблюдава конкретна област в сътрудничество с Консултативния съвет на областта.

Генералната църква

Основата на единството в Църквата на Назарянина са тези вярвания, устройство, определения и процедури, определени в Наръчника на Църквата на Назарянина.

Сърцевината на това единство е обявена в Постулатите на вярата и в Наръчника. Ние насърчаваме църквата във всички региони и езици да разпространява широко и да поучава на тези основни вярвания за нас. Това е златният стандарт, вплетен в тъканта на това, което сме ние като назаряни.

Видимо отражение на това единство е генералното събрание, което е "върховният орган за формулиране на доктрини, създаване на закони и изборната власт на Църквата на Назарянина". (Наръчник, стр. 300)

Второ отражение е Международният генерален борд, който представя цялата църква.

Трето отражение е Бордът на генералните суперинтенданти, който може да тълкува Наръчника, да одобрява културното приспособяване и да ръкополага за служението.

Управлението на Църквата на Назарянина се осъществява с представители, като така се избягват крайностите на епископата, от една страна, а от друга - безконтролното конгрешанство.

Църквата е повече от свързана, тя е взаимносвързана. Връзките, които ни свързват, са по-силни от единично въже, което може да се скъса всеки момент.

Какъв е източникът на нашата свързаност? Това е Исус Христос. (Наръчник 2013-2017)

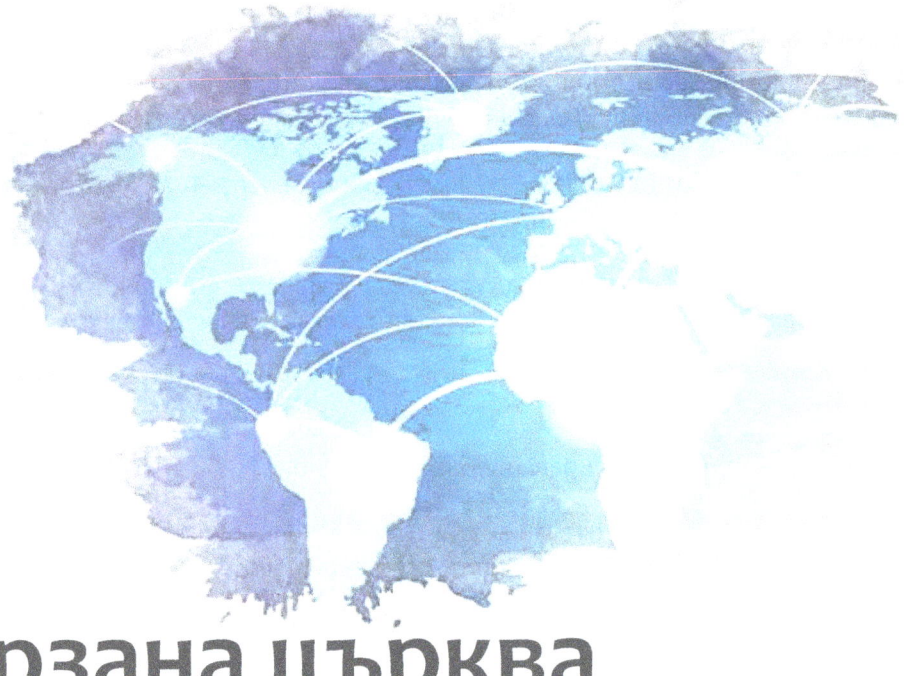

Свързана църква

Църквата на Назарянина е здраво свързана „общност на светостта". Тя не е слабо свързване на независими църкви, нито деноминацията е само асоциация на църкви, които имат някои общи вярвания и цел, но не и истински органични взаимоотношения.

Църквата е категорично свързана.

Под това ние разбираме, че сме взаимозависимо тяло от местни църкви, организирани в области, за да може да изпълняваме общата си мисия "да създаваме Христоподобни ученици сред народите". Посвещението е да сме отговорни едни пред други заради мисията и да поддържаме целостта на споделените ни вярвания.

Като свързана църква, ние:
- Споделяме вярвания.
- Споделяме ценности.
- Споделяме мисия.
- Споделяме отговорности.

Споделените отговорности включват и финансова отговорност като цяло за снабдяване на мисията чрез Фонда за световно евангелизиране.

От 1908 година назаряните изграждат Христоподобни ученици сред народите чрез международно служение. Областите, достигнати за Христос, продължават да се разширяват и растат. Като се молите и давате щедро, вие се присъединявате към другите и правите неща, които не бихте могли сами. Даренията за вашата местна църква имат цел и място във финансирането на мисията.

Църквата на Назарянина поддържа принципа на равната жертва, а не на равното даване. Това е библейска позиция, ключова за международната църква, която включва развити страни и страни от третия свят.

Фондът за световно евангелизиране е деноминационен план за финансиране. Понякога може да чуете термина „финансиране на мисията". Това е по-широк термин от Фонда за световно евангелизиране. Той се използва, за да обозначи различните начини, по които се финансира мисията в различните части на света.

Финансирането на мисията и служенията на църквата е жизнено и добре организирано по регионите за световна мисия. Финансирането на мисията има огромно значение за църквата в смисъл на жертвоготовно даване от много хора.

Когато разглеждаме сборната сума, давана по света, приблизително 86.1 процента от нея се използва за служение във вашата местна църква. Областните служения използват 4.5 процента от финансирането. Вашите назарянски колежи образоват студенти с около 1.8 процента от средствата. Това осигурява 7.6 процента от парите от вашата църква, които отиват във Фонда за световно евангелизиране или мисионери, световни служения и други одобрени мисионерски дейности.

КАК НАЗАРЯНИТЕ ФИНАНСИРАТ МИСИЯТА:

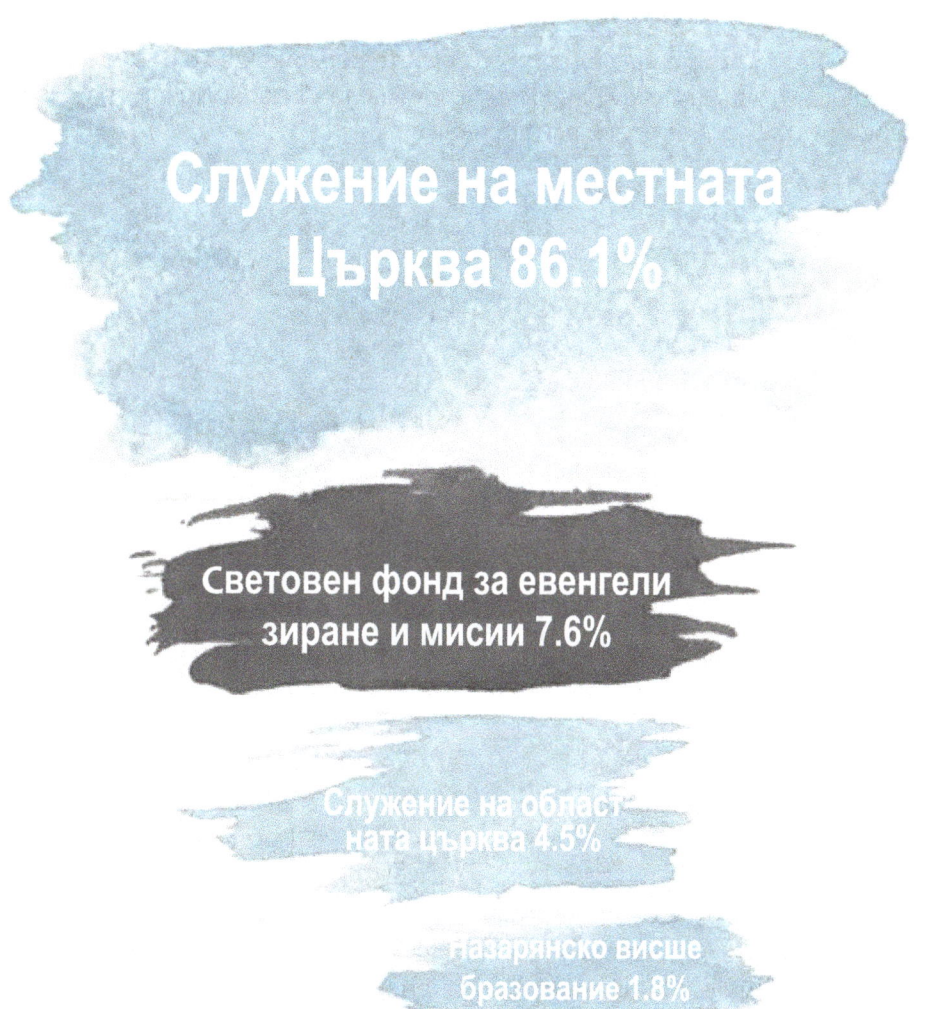

Може да видите, че вашите дарения създават обучение, ученичество и носят Благата вест на деца, младежи и възрастни. Когато давате, вие се присъединявате към назаряните в свързана църква; Вие обичате съкрушените, достигате до изгубени души по света и създавате Христоподобни ученици сред народите.

Фондът за световно евангелизиране и за мисиите е част от споделената отговорност и прави възможно църквата да изпраща мисионери, да обучава национални водачи и осигурява преподаватели, да евангелизира, създва ученици и да учи следващото поколение на назаряните.

Християнска. Свята. Мисионерска.

Ние сме свидетели на изпълнението на виждането на нашия пръв генерален суперинтендант, Финеъс Ф. Бризи. Той говори за „божествена панорама" на Църквата на Назарянина, ограждаща света със „спасение и святост към Господа."

Всеки назарянин, където и да е, участва във всеобхватната реалност на това виждане.

Всеки преобразен живот е свидетелство на Уеслианското и на движенията на светостта поучение за пълно спасение за всички.

Мисията на църквата да „създава Христоподобни ученици сред народите" ни напомня, че ни е даден духовен товар и същевременно ние трябва да бъдем добри настойници на всички ресурси, осигурени от Господ.

Мисията идва от Бога, което означава че нашата цел е от висш порядък и е възможна поради това, че Святият Дух обитава в нас.

Въпреки че почитаме нашето „добро наследство", църквата не може да се върне назад, нито да стои на едно място. Като последователи на Исус Христос, ние трябва да се движим към града, "чийто архитект и строител е Бог" (Евреи 11:10). Ето, Бог прави всичко ново!

1 Дневник на дведесетата генерална асамблея на Църквата на Назарянина, 1980(Journal of the Twentieth General Assembly, Church of the Nazarene, (1980): 232. Franklin Cook, The International Dimension (1984): 49.
2 Тези думи са написани на всяко свидетелство за ръкополагане.
3 Roger L. Hahn, "The Mission of God in Jesus' Teaching on the Kingdom of God," in Keith Schwanz and Joseph Coleson, eds., Missio
Dei: A Wesleyan Understanding (2011), 58.
4 Джон Уесли, Проповеди, (John Wesley, Sermons, Volume II (1902), p. 373; John Wesley, A Plain Account of Christian Perfection, in J. A. Wood, Christian
Perfection as Taught by John Wesley (1885), 211.)